《纽约时报》《商业周刊》
《时代》《哈佛商业评论》畅销书
成长为伟大领导者的特征和经验

怪杰（七八十岁）：几十年如一日持续创造领导角色的年长领导者

极客（30 岁以下）：他们大多数沉浸在新经济领域，独树一帜，执掌着一个组织

	怪杰（七八十岁）	极客（30 岁以下）
25~30 岁时的年代特征	经济大萧条，复苏和稳定	选择的年代：新经济格局下的科技发展、全球化与近乎无限的机会
组织秩序	稳定和秩序主导的组织人	反组织人；自我、价值和意义主导
家庭结构	男主外、女主内	双薪家庭，女性进入职场
核心需求	安定与安全；掌控自身命运	身份、意义、家庭工作平衡
理想抱负	为谋生计、出人头地	改变世界、创造历史
实现路径	努力工作、全身心付出、争取身份与地位	开创个人事业、打破稳定的现状
学习方式	传统式阅读，文学作品比重偏高；获取经验；研究问题的时候，通常会上图书馆，或者找一些专家请教	基于互联网的信息获取；重视速度，在实地操作中学到教训；不喜欢读书尤其是经典名著，但是喜欢动脑筋，知识养分来源于知识联结，或被动、间接的反省
崇拜英雄	伟大的政治人物	父母、亲人、朋友
偏好领导方式	指挥与控制、关爱下属	联合、创造及授权

通过对 24 位怪杰、17 位极客的采访，作者使我们较深入地了解了极客和怪杰的内心世界，也深刻分析了其异同点、形成的时代、家庭背景、个人因素，总结成长为伟大领导者的特征和经验。

提出了铸造商业领袖的领导发展模型，“赤子态”“熔炉”“适应能力”及“凝聚力”等，帮助你了解领袖在不同时代是如何发展的，并预测哪些人更有可能成为领导者。

· 清领五种 ·

极客怪杰

领导是如何炼成的

GEEKS & GEEZERS

How Era, Values, and
Defining Moments Shape Leaders

[美] 沃伦 · 本尼斯（Warren G. Bennis）
罗伯特 · 托马斯（Robert J. Thomas） 著

杨斌 译

机械工业出版社
China Machine Press

图书在版编目（CIP）数据

极客怪杰：领导是如何炼成的 /（美）沃伦·本尼斯（Warren G. Bennis），（美）罗伯特·托马斯（Robert J. Thomas）著；杨斌译．—北京：机械工业出版社，2019.4（2019.10 重印）

（清领五种）

书名原文：Geeks & Geezers: How Era, Values, and Defining Moments Shape Leaders

ISBN 978-7-111-62367-0

I. 极… II. ① 沃… ② 罗… ③ 杨… III. 领导学 IV. C933

中国版本图书馆 CIP 数据核字（2019）第 056502 号

本书版权登记号：图字 01-2012-7798

极客怪杰：领导是如何炼成的

出版发行：机械工业出版社（北京市西城区百万庄大街 22 号 邮政编码：100037）
责任编辑：王宇晴
责任校对：李秋荣
印 刷：北京文昌阁彩色印刷有限责任公司
版 次：2019 年 10 月第 1 版第 2 次印刷
开 本：147mm×210mm 1/32
印 张：8
书 号：ISBN 978-7-111-62367-0
定 价：69.00 元

客服电话：（010）88361066 88379833 68326294
投稿热线：（010）88379007
华章网站：www.hzbook.com
读者信箱：hzjg@hzbook.com

本书法律顾问：北京大成律师事务所 韩光 / 邹晓东

清领五种 总序

GEEKS & GEEZERS

杨斌 教授
清华大学经济管理学院领导力研究中心主任

悠兮其贵言

清领五种，重新集结，“选择本身就是一种创作”，诚如是。要说其中味道，可以说个“淡”字。

凡说起领导力，扑入脑海的就是“浓墨重彩”的英雄或者大抉择、关键时刻。就像是看管理案例的主人公，总是个总。久而久之，更助长了“领导力”的贵族专属性，对家庭中一人、组织中一员、群体一分子，如果你我皆凡人，则是没有多少领导力的话题好谈的。

这当然可反思，但不如做些什么，放几枝不一样的烟火。于是就有了这五种，五粒种子，播撒些“领导不艳、人自成蹊”的清领种子。

淡，是三点水与两把火的组合，说的不是水深火热，而是平常生活。不怎么轰轰烈烈的角色、情境，却是领导力极有意义的用武之地。有水有火，如《沉静领导》中混杂的人性，如《极客怪杰》中的老小孩与早当家，如《责任病毒》中的第一次推揽和责任悄然转换，如《温和激进》中的步步为营弱强腾挪，如《火线领导》中的动静拿捏与对立调适。

淡，细想却不简单，不是强加给你色香味，要靠你代入自己的体验。浅白无思的对错并非答案，字里行间有很多伦理上的辩难。沉下去心、伏下去身、轻推渐进、反躬自省，山丘过后，人不再是原来的那个，领导力的是与非也变得一言难尽起来。

淡，从不同的角度，五种各有纷呈。就不妨交替着看，彼此参阅。要说服别人，例证难免仍列举许多“功成事遂”；要征服自己，就得正心体会个中更多的“悠兮其贵言”。

感恩编辑的辛苦用心，这20年来一直陪着这五种书和她们的读者们一起走着、想着、沉淀着。

|目　录|

GEEKS & GEEZERS

总　　序（杨斌）

专文推介（马云）

专文推介（李纲）

推 荐 序（大卫·葛根）

序言　1

沃伦·本尼斯　1

罗伯特·托马斯　8

第 1 章　**终身领导与终身学习**　11

一种新的领导模型　14

界定我们的术语　16

以影像和故事来记录领导之道　20

时代的影响　23

熔炉的力量　28

从熔炉体验中创造意义　31

什么造就领导者　34

第 2 章　**怪杰：受限的时代**　39

受限的时代：1945～1954 年　40

大企业和组织人　43

快速向中间靠拢　45
连接时代的桥梁　47
25～30 岁时的怪杰　49
尽自己的义务　57
以传统方式学习　60
事业与家庭　64
英雄领导者的时代　67

第 3 章　**极客：选择的时代**　71

选择的时代：1991～2000 年　72
25～30 岁时的极客　79
为什么要忠诚　90
精明和讨厌世界　93
平衡的生活　95
英雄式领导的时代结束　100

第 4 章　**锻造领导的熔炉**　107

个人因素的重要性　110
适应能力才是关键　111
我们发现的实例印证　114
节食和挨饿的差异　118
适应能力就是运用创造力　121
以全新眼光看世界　126
英雄之路　128
失败带来的教训　136

第 5 章　**练就领导的魔法**　139

伟大的需要，伟大的领袖　142
卓越的适应能力　146
何以领导无方　147

凝聚共识 151
领导者、追随者及共同的目标 154
把事情做对 156
声音和性格 157
好奇心与赤子态 165
赤子态具有再生的力量 166
青春永驻 168

第 6 章 **热情追求人生承诺** 171

时代背景的差异 172
异中有同 174
弹奏任何一首歌曲 178
领导者都到哪儿去了：谈国民兵役 180
工作中的领导 187
关于个人 191

附录 A **极客与怪杰小传** 198

怪杰 198
极客 207

附录 B **访谈问题** 214

生命轴线 214
领导 215
成功 215
意义 / 人生空间 216
填空 216

注释 218

致谢 225

译者的话 231

| 专文推介 |

GEEKS & GEEZERS

从极客到怪杰

虚拟的武侠小说中有许多侠士，像金庸笔下的石破天、郭靖、令狐冲，他们没有好的出身，习学奇杂，经历奇苦，但又机遇奇佳，总能碰到别人碰不上的机会，吃什么仙药，找到什么秘籍，碰上什么大师，钻进什么山洞。最终，他们成为一代宗师。

石破天、郭靖、令狐冲等，都是让人心仪的虚拟偶像。

互联网也是虚拟的，只是这个虚拟的网，其构建者却是许多实实在在的年轻人。就像这本书中许多被归类为“极客”的年轻人一样，无论互联网是潮起还是潮落，他们的选择都表明了他们崭新的成长方式。

他们不会成为偶像，他们也讨厌成为偶像，但是他们一定会成为大众关注的热点。

这本《极客怪杰：领导是如何炼成的》让我们更近距离地观察并了解他们。

我很希望中国能产生一大群极客，多多益善。正如书中所称，这样一群“极客”，他们期望能“改变世界”及“创造历史”。最受他们推崇的经验是“实地操作学到的教训”。创业就像远足、泛舟、骑山地自行车及滑雪一样，成为年轻人的消遣，让他们相信自己无所不能，并了解到自己活在无前例可循的世界里。如果现在处于一个全新的世界，为什么还要学习旧观念，遵循旧的学习方式？

在阿里巴巴创业时的18人及今天的众多员工中，有许多人具有极客的禀赋。他们创新、开放、满怀激情，当他们遇到一个未知事物时的第一反应是：“If not now，when？ If not me，who？”（此时此刻，非我莫属！）阿里巴巴最大的财富不是金钱与地位，而是这些年一路走下来犯过的错误，我们说将来要出一本书来讲述阿里巴巴的一千零一个错误，这些错误让我们建立了一个很高的竞争壁垒。不经试错，在电子商务这个全新领域里，谁能说自己是专家？

一个企业，一个组织，没有极客，会很平庸。

但是，仅有极客，也是不行的。

这本书对怪杰群体的描述，让我们有机会去思考一个问题，世界上那么多的极客如昙花一现，而留下的怪杰却成了常青树，为什么？

其实书里是有答案的，那就是“熔炉”之功。

没有比逆境和危机更能熔炼人的意志、信念、勇气和技能了！

“9·11”之后美国总统布什把握住了机会，他的支持率达到90%，创下历史上美国总统的最高纪录，72%的民主党支持者也支持他的危机处理。布什在与他的朋友交谈时坦承，在这次危机中，他一直受到当代领袖楷模之一丘吉尔的启发。

丘吉尔有一句很有名的话："Never！ Never！ Never Give Up！"

永不放弃！

套用一句老话，保持一次激情是容易的，保持一辈子的激情就不容易，所以，怪杰是活到老、激情到老！

顺境要有激情，逆境更要有激情。互联网潮起潮落，多少当时的“极客”级人物被淘汰出局，关键也在于是否具有逆境中的坚持！

坚持什么？对做企业而言，远景目标、使命和价值观是企业必须要坚持的。

因为，这是源头。

阿里巴巴主要创始人　马　云

贺中译本面世兼序

条案上曾摆放着一本精装英文书，名为 *Geeks & Geezers: How Era, Values, and Defining Moments Shape Leaders*，是埃森哲的同事罗伯特·托马斯和南加利福尼亚大学的沃伦·本尼斯共同撰写的大作。罗伯特是埃森哲战略变革研究机构的高级研究员、准合伙人，他写的《机器无法代劳的事情》一书曾荣获大奖；本尼斯则撰写过27本有关领导和变革的专著，曾获普利策奖的提名。两位的大作不可不读，而今，这部著作的中译本与读者见面了，真乃可喜可贺。

乍一看，题目有些怪怪的。“极客”（Geeks），其实就是指像比尔·盖茨年轻时那样的奇才、怪才，年纪轻轻便独树一帜，或领导着一个企业，或执掌一个组织；而“怪杰”（Geezers），则指性格诡异、做事不同凡响的怪老头（太），他们年轻时曾是极客，也风光一时。书中提及的极客和怪杰都曾经或仍是在某些领域颇有建树和成就的名人和领导。本书通过对极客和怪杰进行的对比，探讨了领导之道以及塑造和培养领导形成的过程。

通过对 24 位怪杰、17 位极客的采访，作者使我们较深入地了解了极客和怪杰的内心世界，同时也提出了铸造领导者的“熔炉”“适应能力”“凝聚力”等有意义的概念，颇值得我们关注和深思。

极客和怪杰虽在诸多方面不尽相同，但有一点是共同的：都爱好并善于学习。怪杰年轻时饱读名著、崇拜伟人、崇尚英雄、遵从教诲、听命于前辈、不惧艰辛、严于律己、勇担义务、追求安定、忘我工作、经验丰富。而极客则不然，他们不拘泥书本，不那么推崇英雄，大胆怀疑前人的定论，注重工作、事业与个人生活的平衡协调；他们直言不讳地声称要开创事业、追求财富；他们不喜读名著，却勤于思索，善于向一切人包括亲属和下属学习；他们不端架子，仅把自己视为团队的一员；他们经验不多却眼光独到、敏锐，善于捕捉新经济时期每一个稍纵即逝的商机。

成为出色的企业和机构领导人的重要因素就是审时度势、乐观向上，把自己放到时代和社会特定的“熔炉”中进行一番脱胎换骨的锤炼和锻造，具有很强的适应能力，善于变通，甘愿在各种艰难困苦的环境下进行自我磨砺，这样方能成为合格的领导者。

身处怪杰和极客之间的一两代人（35 岁以上至 70 岁以下的人），既有要向怪杰学习借鉴的地方，又有自己的特质和长处，起着承上启下的作用，只是本书篇幅有限，访谈范围有限，未能加以研究和阐述，相信这将成为未来研究、著书的一个很好的课题。

我很赞赏怪杰精力旺盛、长久不衰的秘诀：保持赤子态。意即人虽步入老年，童子的心态和年轻人的天性却未泯灭。我愿企业和机构的管理者及领导者，永葆一颗年轻的心。相信这本书定会在某一方面给我们以启迪。

埃森哲中国区总裁　李　纲

| 推荐序 |

GEEKS & GEEZERS

从小到大，美国前总统哈里·杜鲁门从未料想到自己会成为领导者，其他人也一样没想过。历史学家大卫·麦克劳夫这样描写那时的杜鲁门："戴着像可乐瓶底那么厚的眼镜片。"杜鲁门无法到学校去参加各项体育活动，大部分时间只能待在家中，给农场帮帮忙，读书，或是弹弹钢琴[1]，朋友都认为他有点娘娘腔，杜鲁门自己也承认。高中毕业后，由于家道突然中落，他只能留在农场里干活，就这样，他成了20世纪美国历任总统中唯一没有上过大学的一位。

杜鲁门人生的彻底改变，是在33岁时，他投身军旅，参加了第一次世界大战。他被派遣到法国指挥一个炮兵连作战，那是他生平第一次被迫在性命攸关的时刻领导他人。对他最初的考验发生在法国东北部莱茵河畔孚日山脉的一个雨夜。德军向他们的阵地附近投掷了一枚烟幕弹，而他的连队以为是毒气，惊惶四散，纷纷逃避。狂乱中，杜鲁门的战马一下子倒在他身上，几乎把他压得粉碎。麦克劳夫写道："杜鲁门爬起来后看见其他人都在四下逃窜，于是他站在那里一动不动，然后用他曾听到过的所有粗话，厉声要求他的部下回到阵地，令行禁止。”他们重新编好队，终于坚持度过了那一夜，而连队中的许多人最终也都平安返家。这些人余生都忠诚于杜鲁门——这位在恐惧中仍坚持不退缩的领袖。

根据麦克劳夫的叙述，杜鲁门在那一夜发现了他自己身上两个至关重要的特质。第一，他身上蕴藏着十足的勇气；第二，他善于领导他人。“他喜欢这项发现。他还体会到勇气是有感染力的，如果领导人展现勇气，其他人就能心领神会。”麦克劳夫又写道，“而战争就是熔炉。”[2]

这里所说的“熔炉”（crucible）不但是杜鲁门生命中的重要转折，也是本尼斯和托马斯这本极富启发性著作的核心。在本书中，我们看到年轻的或者年长的领导者每每在面临艰难甚至极端痛苦的挑战时脱颖而出，锻造得更坚强，锤炼得更适应，最后终于走出困局，到达彼岸。著名记者麦克·华莱士承受爱子登山遇险猝然离世的沉痛打击；在纽约证券交易所拥有席位的首位女性希伯特，忍受了许多年来对女性高级管理人员的性别偏见；纳森尼尔·琼斯不得不与强烈的种族歧视抗争；著名的政府公职人员约翰·加德纳在身为海军陆战队军官、肩负所率部队安危重担的过程中迅速成长；温迪·柯普刚从大学毕业就创办了“为美国而教”组织，这期间经历了无数考验。正如作者书中所言，这些震撼人心的故事表明，如果一个人不仅能够经受苦难的考验，还能从这些体验中找出积极的意义，他就能成长嬗变为持久耐劳、卓越有效的领导者。就像杜鲁门那样，他们走上一条“英雄征程”，屠龙降魔，超越自我，而后脱胎换骨，焕然一新。

在美国，至少有一个全国性组织早已正式采用“熔炉”理念，把它作为培育未来领导者的训练方式，并且发现它很有效。20 世纪 90 年代中期，美国经济繁荣蓬勃，劳动力市场紧俏火热，军方常常面临兵源不足的困境。陆军、海军及空军决定提高待遇以吸引更多的人入伍，他们采取了包括改善生活条件、允许新入伍者有更多时间与家人团聚等相应措施。然而，海军陆战队却反其道而行之，更苛刻、更严格地要求新兵。司令官克鲁拉克将军在海军陆战队的训练科目中加入“炼狱”（crucible）环节——在基本训练的最后，要求学员连续 54 个小时不停歇地进行实弹演习、长途行军、剥夺睡眠等训练项目。在爬上“炼狱”考验的最后一个山头后，新兵被授予一枚刻着老鹰、地球和船锚图案的海军陆战队队徽。而只有戴上这徽章，他们才能成为海军陆战队队员。适龄青年对这一改变的反应异常热烈，在所有的兵种中，唯独报名加入海军陆战队的人数大增。曾有一位年轻的哈佛大学毕业生塞茨·莫尔顿受“9·11”事件的感召，报名加入了海军陆战队，在匡迪科[⊖]受训 10 周后回到了位于马萨诸塞州剑桥市的哈佛校园。他告诉我，海军陆战队已经在训练中完全融入了“熔炉”的理念。对塞茨以及其他像他这样的人来说，海军陆战队提供了一条成为领导栋梁的正道。

熔炉的磨炼固然是培育领导人才的关键过程，但也同时引出了一些我们尚未全然了解的问题。例如，为什么有些人把考验和逆境视为力量的宝贵源泉，而另一些人却视如畏途，气馁退缩？如果你运作一个组织，如何能够辨识出在考验降临时究

⊖ 匡迪科（Quantico），美国海军陆战队在弗吉尼亚州的训练基地。——译者注

竟谁会成功，谁又会失败？如果你是一位事业上的导师或者学业上的教师，如何才能帮助人们为可能面临的困境做好准备？你又会对他们提出什么忠告呢？

历史已经清楚地证明，逆境常常能够把赢家与输家区分开来。心理学家西蒙顿在《伟大：谁创造着历史以及为什么》(*Greatness: Who Makes History and Why*)一书中断言，"一个人要想取得无上的成就，必得先承受苦难。"[3]他指出，幼年时成为孤儿的人，特别是母亲悲惨早逝的人，在现代更有可能成长为政治改革者、哲学家及宗教领袖。从威灵顿到张伯伦，大约63%的英国首相早年经历过父母亡故之痛。不过，在少年罪犯和患有忧郁症或有自杀倾向的精神病患者这两类人当中，早年失去父母的比率与这些公众人物也差不多。换句话说，当你遭遇人生"熔炉"磨炼时，有人升华，有人沉沦。这又是为什么？

本书作者为极客与怪杰所绘的这幅群像也显示出，女性更难取得把自己打造成为领导人的发展机会。书中，大部分男性被扔进一个大熔炉中，在学会如何适应环境中成长。一旦经历"熔炉"的磨炼，他们就发现自己身上具备的领袖特质在驱使他们成为一个领导者。约翰·加德纳和其他投身军旅的人就是如此，他们迅速地被"逼"上领导岗位。沃农·乔丹也是一样，他到一个白人家庭中工作，突然间发现他得为维护自己的身份而奋斗。

然而本书中所写到的女性似乎更得靠自身奋斗来取得成功，她们在找到自己的"熔炉"之前，就得先展现出卓越的领导专长，否则连磨炼的机会可能都没有。泰若·丘奇还是个女孩时就创办了一个全国性的组织；柯普成立"为美国而教"组织时也只是个年轻女子；伊丽莎白·高则是在福特汽车公司从基层做起。与男性相比，女性跻身领导层，更多的是自我选择的结果。换句话说，许多其他女性因为不像男性拥有那么多机会去发现自己的领导潜力，而仍然明珠暗藏“人不识”。这十有八九意味着，成为领导者的女性群体要比相应的男性群体小得多。因此，我们就面临着无法逃避的问题：过去许多年来，我们已经鼓励女性取得更多的教育机会，而我们也看到了她们因此而迅速成长起来，那么，现在我们又该如何鼓励女性取得更多的领导机会？我们知道，女性可以成为卓越的领导者，这一点大概已经没有争议。如今，我们面对的挑战是，如何确保女性享有公平的机会去发展领导才能。

本书也提及男性发展领导才能的一个问题。对于老一辈的男性领导者，第二次世界大战经常是他们人生的转折点。战争当然是恐怖的，但是穿着军装的那段岁月确实使许多幸存者脱胎换骨。而当前的时代形势，即使反恐怖战争在紧张地进行中，但是年轻人从军的比例仍然明显下降。对于来自美国农村或内陆城市的孩子，通过从军出人头地的阶梯在很大程度上消失了。我们不禁要问，如果有的话，什么事能够取代参军入伍成为人生的“熔炉”？如果你来自一个富裕的家庭，你有机会游历、冒险，但是对于今天数百万的年轻人来说，他们经历过的世面是极为有限的，尤其是黑人、拉丁美洲裔，或者偏远乡村中的青年。军队中的生活能够提供一种民主体验——就像过去所说，一位哈佛大学的高才生可能也得听命于一个来自布鲁克林的波兰裔指挥官，如今已是不可能的。

我在读这本杰出之作时，一直因一个问题而思绪万千，无法释怀：我们要如何提供更多激发潜力的机会，以培育下一代的领袖，毋论男女？全国征兵制是否算一个答案？如果我们创造一种广泛的文化，让所有年轻人至少得为国服役一年，会不会有所助益？许多年轻人是否会因此找到他们自己的“熔炉”？此时此地，我们无法深入探讨这些问题，但是也许你在跟随沃伦·本尼斯和罗伯特·托马斯徜徉在他们对极客与怪杰的沉思反省中时，可能会想到些激发下一代领袖脱颖而出的方法。我们需要这些方法。

大卫·葛根⊖

于马萨诸塞州剑桥市

⊖ 推荐序作者大卫·葛根曾为四位美国总统（尼克松、福特、里根、克林顿）担任顾问，著有《见证权力：从尼克松到克林顿的领导艺术》（中国台湾译作《美国总统的七门课》）一书。——译者注

序　言
GEEKS & GEEZERS

我们两人从开始构思到最终合作写出这本书，吸引我们的出发点起初大相径庭。合作写书并不大像花样游泳双人表演那样整齐划一，反倒更像是在差异、冲突、矛盾中逐渐形成观点与发掘深度。我们在看起来似乎永无止境的写作推敲过程中，借助电子邮件来来往往反复讨论，力求达成一致。不过，我们觉得，为了纪念我们两人之间那些有意义的分歧，最合适的做法就是在这里分别写出我们各自对这项研究计划及其意义的想法。

沃伦·本尼斯

我最终会写出这么一本书，讲述极客与怪杰的故事，应该没有谁会感到惊讶。我几乎总是让自己的个人经验在工作中得以体现，无论表面上看起来这两者有多么遥远或者工作本身显得多么客观。年轻时，我从来没有觉得自己是个极客（geek）。那时，“极客”这个词，也不代表着像微软老板比尔·盖茨这类有点书生气的科技奇才。即使是从新近出版的大词典[㊀]上查找对“geek”的解释，仍然只有唯一的一条定义——“狂欢节的杂耍马戏演员，为了谋生，经常表演些诸如把活鸡的鸡头咬掉这样的疯狂举动”[㊁]。尽管当年我并不知道自己是别人眼中的（现代意义上的）极客，不过，我现在却确信无疑自己是世人眼中当之无愧的“怪杰”（geezer）——我生于1925年，亲身参与过现在几乎已经成为陈年传奇的第二次世界大战。我并不想挑起一场有关我是否已过壮年的争论，但事实上，我们这些“糟老头子”内心仍只有16岁，有时候拿着镜子照照自己，还会很奇怪这镜子中的白发老者是谁。如果你跟我的岁数差不多，那么你大概对此也会是心有戚戚焉；如果你比我还要年轻些，那么你很快就会感同身受了。好了，我得先告诉你这本书的来龙去脉。

信息技术宗师理查德·伍尔曼也是位“知识媒伯”（intellectual matchmaker）[㊂]，几年前他打电话给我，邀请我担任他

㊀ 本尼斯这里指的大词典，我相信只是指纸面印刷的词典，而没有包括网络上的一些新词典，后者对于类似于geek这样的词都有更新的解释。——译者注

㊁ 英汉词典中对于geek的翻译仍以“怪人”为主，但本书中译为“极客”，是突出其新世代、高科技等特征，这也借鉴了中文网络文化中对于geek的习惯称呼。——译者注

㊂ 在知识管理领域里，人们常拿“知识媒婆”来形容那些对于促进知识分享、传播与创新的，充满热情并且本领高超的人。由于伍尔曼是位男性，我们姑且称之为“知识媒伯”。——译者注

所主办的 TED 年度研讨会的某场主讲。你大概知道，TED 在这里是代表技术（technology）、娱乐（entertainment）与设计（design）。伍尔曼每年都能找来一些他觉得有趣的人——这算是一个核心圈子，再找上更多的愿意花钱入场与核心圈子交流的人，举办一场为期三天的盛会——大家可以观察思考、大胆预言、交换意见、吃吃喝喝、谈话聊天。电话里，伍尔曼对我说：“沃伦，今年我们邀请在会上演讲的，只有 70 岁以上和 30 岁以下的这两类人。”我知道伍尔曼又跟以往一样，在琢磨些什么新花样了。后来证明果然如此。这个构想的妙处在于，极客与怪杰几乎能为每一场讨论贡献弥足珍贵又截然不同的观点。这两类人都知道一些我们所有人应该知道的事情，与这个构想联结后，一项研究计划便诞生了。

这个开始推进的研究计划最引人入胜的地方在于，我们有机会进一步地深入那些 1970 年左右以及稍后出生的极客的内心世界，这群人已经占据媒体（特别是商业媒体）快有 20 年时间了。我平生最喜欢的就是了解新鲜事物，但我觉得自己的很多观念，与这些极客和比他们更年轻的弟弟妹妹心中的想法和价值观相比，仍然有着相当的距离。正如罗伯特和我在本书中所写，他们是在虚拟化、视像化、数字化时代中长大的第一代人。

课堂上学生对于一些事物的看法和反应，最能生动地体现出我对年轻世代的认识存在缺陷。多年以来，我和南加利福尼亚大学校长斯蒂夫·桑普尔共同开设了一门有关领导学的课程，我们每年都会邀请迈克尔·杜卡基斯到课堂上来演讲。年过 30 的美国人大概都记得，杜卡基斯在 1988 年曾代表民主党参选美国总统，也出色地担任过马萨诸塞州州长。然而，当我们在班上兴奋地宣布杜卡基斯要来给大家演讲的消息时，那些聪明好学的学生却是一脸茫然。少数几个听过杜卡基斯名字的学生，也是因为在重播前些年的《周六夜现场》⊖节目中，看到过喜剧演员洛维兹模仿这位政治人物。我知道我们课堂上的大多数学生，不管他们多么聪明博闻，对于越南战争、水门事件以及其他过去 40 年中的轰动事件，都觉得是久远、漠然的，甚至就像是古代历史似的。即使如此，我每次仍会感到一丝的震动：竟然有这么多的学生从未听说过杜卡基斯！要知道，对我来说，他竞选美国总统的情景就像发生在昨日。

除了想要探索极客的内心世界和经历体验之外，我也很高兴能多了解与我同辈的怪杰。我这一辈子都在学习、研究领导之道，一直对于什么人能成为领导者，而什么人无法成为领导者的议题非常着迷。伟大的领袖吸引了我们的注意，而有些人的才气受到压抑，一直未能发挥自己的天分，这也同样让我们感兴趣。怀才不遇以及因此所伴随着的抑郁是我所知道的最令人感伤的现象之一，但同时也是最富有启发性的。此外，我对成长与发展的问题一直很有兴趣，甚至早于我开始研究“如何成为领导者”这个题目之前。1956 年，我平生第一次发表的研究报告的主题就是“群体发展”。在 1964 年之前，我一直在写有关组织发展的内

⊖ 美国 NBC 电视台的一档历久不衰的周六晚间直播综艺节目，中间常有模仿名人的滑稽表演——“名人模仿秀”。——译者注

容，以及研究健康的个人与健康的组织之间的协调关系。成长和变革一直是我整个职业生涯的主题。

因此，并不让人怎么感到惊讶，我近年来甚至开始研究为什么有些人显得老态，另外一些人却完全看不出年老。我们都知道，人过七十，古稀之年，面容、举止会突然显得老态龙钟，完全表现出“衰老”这个词语本来的含义。不过，谢天谢地，也有人能够常葆青春，毫不理睬生理年龄的增长。从某种程度上说，这两类人之间的差异大概与遗传有关，但也并非只是遗传这一条原因。肯定有什么别的特质能够让美籍奥地利裔钢琴家鲁道夫・瑟尔金到了 80 岁高龄时还敢演奏全新的现代曲目，本来他可以轻松自在地只是继续演奏些传统保留曲目就足够了。还有 76 岁的电影导演罗伯特・奥特曼也不断创新，超越自我，2001 年推出电影《高斯福庄园》，证明其老当益壮。瑟尔金、奥特曼、舞蹈家玛莎・格雷厄姆[⊖]（她冒着被自己的剧团解雇的风险，脱胎换骨般地将自己重新造就为一个广受大众欢迎的演讲者和表演家）、英国前首相温斯顿・丘吉尔（某本回忆他的传记中写道，他一生从来都是不守规则，乱穿马路，直到 66 岁）都拥有一个众人迫切想探索发掘的秘密。他们令人鼓舞地证明了：人到老年仍然可以精力充沛地生活。

几乎同时，在另外一场 TED 会议上，我恰巧碰到了老友费尔・施莱特，他是一位才华横溢的社会学家、作家。我告诉他关

⊖ 玛莎・格雷厄姆（Martha Graham），1894—1991，美国最负盛名的表现主义舞蹈的代表人物，现代舞的奠基者之一。——译者注

于极客与怪杰的研究计划，更兴高采烈地跟他谈起我已经访谈过的几位怪杰和他们所散发出的独特的、不可思议的人格特质。结果，施莱特立刻一针见血地总结说："那个叫作赤子态！"后来，我请他进一步详细说明这个新词，结果他以一封类似自传的电子邮件回复我说："我常常觉得孤单，因为在我认识的人当中，太多人已经'定型'（settled）了。对他们来说，世界已经凝固了，封闭了，不像我们年少时拥有那么多的可能性。我上次所说的'赤子态'，说的是我们有些人虽然年华老去，却仍然能够保持着很多的可能性。我不确定这种特质的所有内涵是什么，也不太清楚人为什么会具备这种特质，但是我看到很多成功人士都有这种特质（这也是为什么他们说起什么来，要比学者更有趣味），而这对我来说意义非凡。"事实上，本书的大部分章节都与这种特质相关。

1999年秋天，我在英国伦敦与埃森哲公司的合伙人——作家汤姆·达文波特共进午餐，席间还有他的同事罗伯特·托马斯。托马斯是西北大学培养出来的社会学家㊀，也曾是麻省理工学院的教授，他告诉我说，他对时代背景如何造就领导者这个主题很感兴趣。显然，我们两人的领域有很多交集，而且方向也一致，我当时就认识到他是我宝贵的发现，更是个不可多得的伙伴。一次又一次地，他激荡着我的思考，结果是我们提出来一些原本个人单打独斗绝对得不出来的想法。他是知识、思辨上第一流的合作伙伴，也很有雅量。事实上，到后来，我们已经分不清

㊀ 本书的合作者之一罗伯特·托马斯在西北大学获得博士学位。——译者注

哪些点子是谁先想出来的了。我想罗伯特恐怕也是如此认为。

好的研究计划最后总是让人有喜出望外之感，这次也不例外。读者将从本书后面的内容中了解到我们的努力，不过，让我在此先说上一说。我们很快就发现，我们所研究的不只是终生领导，还是如何让人们能够年复一年地过着好生活。我们和这些极客与怪杰聊得越久，就越是发现他们的故事所讲述的不只是领导之道的开发，而是人的开发。在某种程度上，两者其实就是一体两面，让人成为伟大的领导者的因素，也是让他成为成功的、健康的个人的原因。我们对此发现大为震撼——那绝对是个“我发现了！”（Eureka！）般的激动人心的时刻。想了解一位领导者或一般人的潜力到底有多大吗？不妨看看他遭到监禁时如何自处。南非前总统纳尔逊·曼德拉的领袖才能，不是在世人注意到他时，才奇迹般地突然展现出来的。远在牢门敞开之前，他就在锻造着自己的领导能力，凭着他的人格特质和那种百炼成钢的过程——这些我们将在此后的章节中深入探讨。

我们曾经和不同的听众谈过极客和怪杰这个构想，我们发现有这么几个观念会让他们感到最激动、最受启发。“熔炉”是其中之一，本书中所有的领导者都曾经经历过这种转型过程。另一个是时代背景。哈佛大学肯尼迪管理学院公共领导中心主任大卫·葛根最近邀请我去该中心谈谈这本书。我讲完之后，他兴奋地在黑板上写满了不同时代背景对近代历史的影响。他指出，杜鲁门等领导人的时代背景包括第一次世界大战、大企业开始蓬勃发展以及民族大熔炉的观念。其后的领导人包括肯尼迪总统、老布什总统则是在第二次世界大战的熔炉中形成了领导能力，他们的成长背景是一个为了生存发展而同心协力奋战不懈的国家。曾经为四位总统担任顾问的葛根接着开始评论与他同辈的领袖，包括克林顿总统、副总统戈尔以及小布什总统。他们都生于 20 世纪 40 年代[⊖]，成长背景是一个因越南战争而分裂的国家，社会上破碎的单亲家庭非常多。这些总统都没有参加过那场越南战争。葛根更深刻地指出：在这些国家领导人的成长阶段，国家处在破碎和内部纷争中，全然不像更早以前的世代是在众人拥有共同的目标、单纯的价值观的背景下成长。我所希望的，就是我们的读者能与这项极客与怪杰的研究相呼应，就像葛根所做的那样透彻、热诚与现实。

罗伯特·托马斯

几年前，我有机会参观编舞家特维拉·萨普带领学生在纽约市政中心的练习，这让我领悟到了练习的重要。我不是一名舞者，却能感受到萨普的学生百般努力地想了解她希望他们跳出的复杂舞步（或者片段）。通过从双方你来我往的互动、肢体动作的示范及模仿，萨普和学生之间萌生出一种“照着我的方式跳”的默契。我当下就感悟到，练习和表演之间并没有差异存在，他们练习时其实也是在表演，我可以想象几个星期后他们正式上台时，既是在表演，也是在练习。

⊖ 原文误为 20 世纪 60 年代。——译者注

看着萨普和她的学生，我联想到，企业管理人员经常抱怨他们没有时间“练习”成为领导者，因为他们一直都在台上表演。他们每个人都想凭着自己的方式提升为领导者，却苦于有心无力。他们参加领导训练课程，花钱接受专门的教练指导，周末还跑到外地受训，这些课程的成效却似乎无法持久。从那次我在曼哈顿的阳台上观赏萨普师生练舞开始，我才了解到，真正的问题并不是企业管理人员无法学习如何领导，而是他们缺乏“练习”的观念。说得更准确一点儿，他们需要找到一种方法，即在“表演”时也能“练习”。

我在麻省理工学院搞过一个带有探索性质的项目——制造业领导者培养项目（leaders for manufacturing，LFM），项目的培养计划中就包括让工程师练习跳舞。后来，我离开学校，接触到实践中的企业领袖，观察他们，领会领导之道。在这一路上，我有幸和美国、委内瑞拉、牙买加、印度、德国以及日本的企业、工会及政治领袖共事。而这些真正的有效领导者能够和被领导者相契合，把他们视为本尼斯所谓的“亲密伙伴”，他们每一天，甚至每一刻都在练习着领导之道。他们认为工作和生活在这一点上没有什么差别，上班时和下班后他们都是同一个人。只要一有机会，他们就练习领导之道。他们在每一次的体验中洞察他们自身、周围的人以及整个世界。领导，不仅是他们所为，更与他们本身融为一体。

这又让我想起极客与怪杰。就在沃伦和我第一次谈起研究年老与年轻的领导者这回事的前几天，我曾教过的一个学生打电话给我，说他准备辞去传统制造业的相当高级的职位，投身犹如蛮荒地带的网络零售业。我了解他这种冒险的感觉，却不了解他为什么甘愿放弃几乎唾手可得的功成名就。电话里，他叹了口气对我说：“五六十岁的白人是永远也不会明白的。”我当时马上提醒他，我还不到五十岁呢！不过，虽说不情愿，我却不得不承认，我的确不明白。跟沃伦合作的这项研究计划，终于让我有机会来看看自己到底能否开窍。我想现在，我已经明白了。

|第 1 章|

GEEKS & GEEZERS

终身领导与终身学习

在《纽约客》(*New Yorker*)杂志的前辈先贤怀特(E. B. White)脍炙人口的随笔名篇中，有这样一句话："对复杂性而言，前途无疑是光明的，事情之间环环相扣，纠缠不清。"就像他常做的那样，怀特能以最简单的方式，来包装一个复杂深奥的理论，而这点并不让人惊讶。正是他，曾经大胆地在儿童书里使用英文中非常晦涩的"拂晓"(crepuscular)一词，并且还创造了一个有思想、长着八只脚的领导者形象夏洛特——就是那只在《夏洛特的网》(*Charlotte's Web*)[1]一书中能先知先觉的蜘蛛。

怀特通过对复杂性的观察，提炼出一个关于领导和学习的基本道理——当我们发现一些有价值的事物，努力探索，就会发现它不可避免地引领我们走向一个又一个的新发现。学习的能力是人之所以为人的关键特征，而持之以恒的学习则是领导之道的根本技能。倘若领导者失去了这种能力，他们不可避免地会蹒跚踉跄。倘若我们失去了这种能力，个人也就无法成长。

究其核心，这是一本关于领导和学习的书。它讲述了关于某些人取得成功的近乎神奇的历程，尽管他们对成功的定义不同，他们都能够一次又一次走向成功。这本书也分析了跨世代的领导之道，它创新地首次对比研究了两个领导者群体——最年轻的与最年老的，极客和怪杰——并通过他们的现身说法告诉我们，在非常不同的生活和时代里，关于领导、学习和更好地生活，他们到底发现了什么真谛。这本书也尖锐地提出了一些深刻的问题，比如，为什么有些人能从残酷的经历中汲取智慧，而其他人就做不到呢？本书还让成功的极客分享他们年少有为的秘密；请卓越的怪杰告诉我们，他们是如何任岁月变迁，仍旧保持旺盛的生命力，并积极地投入其中的。所有这些人说的话都非常重要，也相当实用。我们坚信，这将有助于读者找到最适合自己的领导和学习策略，受益终身，而非一时。

要写这样一本关于领导的书，我们很容易想到的模式，就是简简单单地请那些著名的领导者分享他们的秘密心法——目前大多数领导类书籍都是这样做的。但这本书却独辟蹊径，超越个人启示，建构出一套新的领导理论。这套理论的一个重要组成部分，就是对历史上的特定时代对于造就领导者时所发挥的作用的充分肯定。我们都是在某个特定的地点和时间下成长起来的，时代背景都或大或小、或多或少地在塑造着我们每个人。虽然我们平日很少意识到这种影响，但我们的时代背景却经常决定着我们各种不论平凡还是深刻的选择，从我们喜欢的音乐到我们所渴望的、觉得理所当然的事物，以及生活中许许多多的情感色调。我们访谈的极客和怪杰也不例外。在接下来的两章中，我们将尝试着把我们的极客（大多在 30 岁之下）和怪杰（大多在七八十岁）放回到孕育他们成长的历史背景下。我们知道，这么做有点像企图把莎士比亚的戏剧全集缩写成一个只有 12 页的精华版本。尽管如此，为了了解我们这本书中的人物为什么会那样说、那样做，思考清楚这些塑造他们的主要力量是非常重要的。

本书中最老的一代领导者诞生在 80 多年前，从那时至今，世界所发生的巨大变化远比过去 1000 年中发生得要大。我们不妨举个明显的例子：如今世界是“网络连线的”（wired），这个术语对于 1920 年走在大街上的人来说，几乎没有任何感觉，或者说是毫无意义。我们深信，在这个超速变化、加速前进的世界里，领导者不仅要有年长者的智慧，还要有年轻一代的洞察力——他们这些人虽然年轻，却已显现出卓越的领导才能。我们经常听说出生在第二次世界大战后，即 1946～1963 年的 7000 万婴儿潮世代（baby boomers），对我们生活的方方面面影响都很大，甚至影响到全球经济。但我们很少有人会说，世界每天都被另外更多的一群人（年龄在 2～22 岁的 8500 万人）改变着。这是第一个从小就在视像化、虚拟化和数字化环境中成长的世代，但我们却居然完全对其视而不见。

“我会请我这一辈中的某个人去和你那一辈中的某个人碰头。”

资料来源：《纽约客》杂志选自卡通库网站（cartoonbank.com），保留所有版权。

一种新的领导模型

正如我们在序言中解释的那样，这本书刚开始时是想研究年轻和年老的领导者，以及时代背景如何影响领导之道，但是渐渐地，这个研究计划演变出某种更深刻的东西。作为这本书的一个研究结果，我们发展出了一套如何成为领导者的理论阐述。我们相信，这样的成果是第一次产生。我们同样相信，我们已经发现了让一个人在经受考验后脱颖而出的过程，其中，他们不仅变得更强，而且还具备了他们所需要的领导和学习的工具。正是这个模型[⊖]，解释了为什么有人在经历困难事件的过程中（我们称之为“熔炉”）找到了积极的意义，并且在“寻找意义”的过程中，不仅受到了洗礼，还赢得了与众不同的名声。这种模型（见图 1-1）描述了变革与成长的一种强力的连锁反应。

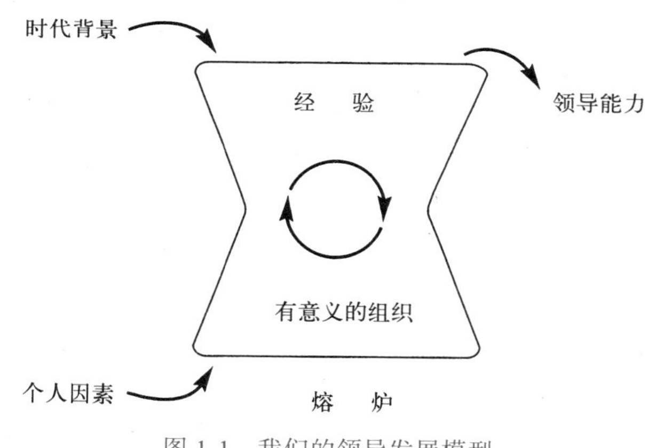

图 1-1 我们的领导发展模型

这本书的大部分篇幅都是在解释这个模型，并说明它如何体现所有年龄段的领导者的成长过程。我们将要探索的那个“过程”，能让南非前总统纳尔逊·曼德拉不仅幸免于难，而且能从 27 年的南非牢狱中脱胎换骨，成为自印度圣雄甘地之后最有号召力的精神领袖。这个“过程”也造就了美国前总统富兰克林·罗斯福、以色列前总理梅厄夫人（Golda Meir）和黑人民权领袖马丁·路德·金。这个“过程”也还产生了像教育活动家温迪·柯普和企业家迈克

⊖ 本书中多处提到的这个模型（model），有时，从中文习惯的用法角度出发，我们也称其为模式。——译者注

尔·克莱恩这样出众的极客。我们的模型阐释了领导者在不同时代是如何发展的，也能预测哪些人更有可能成为领导者，并且持续保持下去。在接下来的篇章里，你将发现为什么有些人能终身领导不辍，有些人却永远也没有机会施展他们这方面的潜能；为什么学会学习是成为领导者的关键；为什么造就领导者的因素，也正是那些让人们能够过着快乐而有意义的生活的因素。这种生活境界要比事业上的成功更重要。

界定我们的术语

在我们最开始讨论终身领导时，用的是相当客气，甚至有些委婉的术语来描述让我们很感兴趣的这两类人——很早就发现他们能力的年轻领导者，和能几十年如一日地持续为自己创造领导角色的年长领导者（我们访谈过的所有人的名单见表 1-1，他们的小传见附录 A）。起初，我们笼统地称呼他们为“年轻的领导者和成熟的领导者”，后来又用过“伟大时代的领导者和 X 世代的领导者”。但随着讨论越来越活泼，也越来越频繁，我们放弃掉客套的术语而采用更舒服但可能不是很恭敬[⊖]的短语——开始称呼这两类人为“极客”与“怪杰”。

⊖ 这就涉及文化因素的分析。这种看起来怪怪的，甚至有些调侃、戏弄的词用在这些领导者的身上，是不是不讨他们喜欢？美国文化中基本不存在这个问题。而在中国，我们更容易接受精英、新锐、风云人物、常青树这样的用词。——译者注

表 1-1 本项研究所访谈的怪杰与极客

怪杰	沃伦·本尼斯（Warren G. Bennis）	艾德温·古斯曼（Edwin Guthman）	理查德·瑞奥丹（Richard Riordan）
	约翰·布莱德马斯（John Brademas）	西德尼·哈曼（Sidney Harman）	莫瑞尔·希伯特（Muriel Siebert）
	杰克·柯曼（Jack Coleman）	弗朗西丝·赫塞班（Frances Hesselbein）	保罗·索列里（Paolo Soleri）
	罗伯特·克伦道尔（Robert L. Crandall）	迪·哈克（Dee Hock）	瓦特·桑代姆（Walter Sondheim, Jr.）
	罗伯特·杜里南神父（Father Robert F. Drinan）	纳森尼尔·琼斯（Nathaniel R. Jones）	迈克·华莱士（Mike Wallace）
	罗伯特·高尔文（Robert Galvin）	阿瑟·李维特（Arthur Levitt, Jr.）	约翰·伍登（John Wooden）
	约翰·加德纳（John Gardner）	伊丽莎白·麦柯马克（Elizabeth McCormack）	
	弗兰克·盖瑞（Frank Gehry）	比尔·波特（Bill Porter）	
	唐·吉维兹（Don Gevirtz）	奈德·雷根（Ned Regan）	
极客	伊丽莎白·阿尔特曼（Elizabeth Altman）	斯凯·戴顿（Sky Dayton）	布赖恩·莫利斯（Brian Morris）
	拉瑞格·查克迪安（Lorig Charkoudian）	哈兰·休（Harlan Hugh）	邵凌云（Lingyun Shao）
	斯蒂夫·陈（Steve Chen）	伊丽莎白·高（Elizabeth Kao）	扬·辛（Young Shin）
	泰若·丘奇（Tara Church）	杰夫里·基思利（Geofrey Keighley）	布丽奇特·史密斯（Bridget Smith）
	安·克拉克（Ian Clarke）	迈克尔·克莱恩（Michael Klein）	布赖恩·沙利文（Brian Sullivan）
	丹·康宁汉（Dan Cunningham）	温迪·柯普（Wendy Kopp）	杰夫·威尔克（Jeff Wilke）

尽管这两个词很容易望文生义，但还是让我们界定得更精确些吧。极客，就是指那些领导才能让我们着迷的年轻人（35 岁及以下者）。他们大多都在如今陷入困境却仍相当重要的“新经济”

（new economy）领域。在选择这些极客入围时，我们要找的不仅是在很年轻的时候就卓有成就，而且还要有能够清晰表达他们自身经历、观点和看法的思维能力的极客。我们有意识地寻找那些曾经领导过甚至创建过组织的年轻男女——如果他们不能在实践中证明自己的领导才能，光有个好点子或者"杀手级的程序"（killer app），是不在我们的考虑之列的。

在我们的研究中，极客可以说是千姿百态。他们有的是网络公司（dot.com）和其他信息技术公司的首脑，例如创办了EARTHLINK和BOINGO无线通信的斯凯·戴顿；巧克力大亨丹·康宁汉；创建自由网络FreeNet、打破数字时代偶像权威的安·克拉克。也有一些在传统产业中卓有成就的高级经理人，像在福特汽车公司的伊丽莎白·高和摩托罗拉公司的伊丽莎白·阿尔特曼。还有一些，则是为了更好地服务于他们所深爱的事业，成立了某种公益组织，例如泰若·丘奇，当她只是8岁幼童的时候，就创办了一个叫"树战士"（Tree Musketeevs）的环保组织；还有拉瑞格·查克迪安，成立了巴尔的摩社区调解中心，去帮助社区成员以非暴力的方式解决冲突。不管是否在技术领域里工作，在某种意义上他们都是电脑极客（computer geeks），这些年轻人从有记忆时起就已经和数字技术打交道了。他们是第一代在小学里就有计算机的一代，他们的血液里流淌着1和0[⊖]，与机器打交道就跟和人打交道一样得心应手，甚至在一些批评家的眼里，这代人跟机器互动比与人沟通还要更容易些。

⊖ 二进制的1和0代表着数字科技、信息技术。——译者注被我们称为怪杰的领导者，是这些极客的祖父母那一辈。更巧的是，本书中的一位怪杰——鲍勃·高尔文（Bob Galvin），摩托罗拉公司的副董事长，正是一位极客——滚橡企业（Rolling Oaks Enterprise）的总裁沙利文的外祖父。这些男女怪杰（真的很遗憾，男性怪杰的数量要远多于女性）的智慧和才能受到了普遍尊敬。有些人已经退休了，但大多数还继续领导着许多大企业和其他很成功的组织。回到国家公共广播电台（NPR）的布莱卡其欧（David Brancaccio）最爱说的“数字”，我们的怪杰都是70岁和70岁以上的。在选择怪杰时，我们对那些经历了领域转换，但仍继续担当重要工作并与世界紧密相连的人特别感兴趣。真正让我们着迷的怪杰是一些像梅尔·布鲁克斯（Mel Brooks）那样的人，布鲁克斯在75岁高龄时，仍能重新开始，以歌词作者作为他新的职业，将狂热的经典电影《制片人》（*Producers*）改编成百老汇歌舞剧，在2001年赢得了创下有史以来最高纪录的12项托尼奖。你只需看到他在托尼奖颁奖典礼上，让人眼花缭乱地接受一个又一个奖项，你就会了解到创造力和生命力是真正起作用的因素，而绝不是所谓的年龄。实际上，他对待年龄的态度和策略就是忽视它，他曾经这样说：“我从来不照镜子，也不看日历。”所以，弗兰克·盖瑞这样的领导者也引起了我们极大的兴趣，他是近代史上最富争议的建筑物（那座位于西班牙毕尔巴鄂，富丽堂皇、呈波浪形的古根海姆艺术博物馆）的设计者。2000年他已经70岁了，但仍然亲临现场玩着他还是个多伦多小男孩时就热爱的冰球。其他怪杰，包括VISA

国际组织的创建人迪·哈克，美国证券交易委员会前主席小阿瑟·李维特，洛杉矶前市长理查德·瑞奥丹（他曾经和盖瑞一起在冰球比赛中对阵），华尔街先锋莫瑞尔·希伯特，哥伦比亚广播电视（CBS）的著名新闻编辑和记者迈克·华莱士，以及加州大学洛杉矶分校（UCLA）的篮球教练约翰·伍登。

以影像和故事来记录领导之道

我们希望领导者分享他们的经验，是因为我们知道这些故事强大的感染力，以及这些故事能够表达复杂、微妙细节的能力。我们希望这些领导者用他们自己的话来告诉我们，他们的远大抱负、前进动力、造就他们的事件的来龙去脉、他们从中所学到的教训，以及所获得的洞察力。同时，我们系统地采集数据，这样一旦分析完数据后，就能看到什么样的模型会浮现出来。为了更好地采集到可供对照和比较的数据，我们用同样的一组问题询问每个人，但同时也给他们各种机会，让他们说出他们认为与此相关的任何看法。我们觉得，影像可以保存相当多文字笔录所不能获取的信息，无论是肢体语言还是微妙的语气、语调和神色的变化。因此，我们决定只要有可能就把访谈用摄像机拍摄下来。后来再看这些录像，确实使我们回想起了他们是以何等富有感染力的声音来讲述一些难忘的事件，他们谈论工作时的生机勃勃，回顾以往悲剧、伤痛和失败时所表现出来的显露无遗的痛苦和回想起导师时的温情脉脉。我们由此得出一个结论，这种多媒体的记录方式是我们最好的工具，不仅帮助我们凭借他们的实际经验来得出可靠的结论，也能给他们的领导之道留下弥足珍贵的影像图文档案，永驻读者和观众的脑海中[2]。

经过五次三番的推敲和仔仔细细的修改，我们所拟的问卷询问了这样一些主要问题：什么是你生活的转折点？你如何到达成功的彼岸？你怎样定义成功？当你 30 岁时你又是如何定义成功的？什么能使你快乐？失败在你的一生中扮演了什么样的角色？

请记住这些访谈问题（附录 B）只是一个起点，尽管也是相当重要的一步。一些最有效的信息是在面谈两个小时后才悄然出现的，当那些面谈者以为面谈已经基本结束后，就会全然忘记摄像机的存在，逐渐放松起来，侃侃而谈。

我们最终取得了 43 份访谈成果，接受采访的领导者从 21 岁到 93 岁。他们特有的坦率和洞察力使这些访谈的结果具有极强的影响力。当我们让被访者仔细思考他们一生的同时，我们也意识到，我们实际上在协力完成一本集体自传。我们请他们诉说如何看待自己，不仅与他们分享在现实中的生活，也感受到了他们在内心世界中建构的生活。在某种意义上，我们就是在让他们讲述出他们内心所认定的真实自我。这些访谈的精华部分形成了接下来两章的核心。第 2 章详细说明了我们的论点，即关于时代和它的价值观对塑造领导者的重要性，尤其强调 1945～1954 年那段怪杰个性形成的时期。在第 3 章我们转向探讨极客，从中体会对在 1991～2000 年长大成人的那些人来说，领导、成功和成就感到底意味着什么。

虽然本尼斯和毕尔德曼（Biederman）已经在《组织天才：创造性合作的秘密》㊀一书以及其他一些文章中，宣布过了伟人的死亡（death of Great Man），但在这项研究计划里，我们仍然是将镜头锁定在那些位居组织最高层的领导者，对于这些人如何与身边的团队一道使错综复杂的组织和企业走向成功，本书只是轻描淡写地一笔带过[3]。我们刻意强调领导者的重要性，而不去强调他无处不在的合作伙伴——团体的作用，主要是因为我们要阐述太多关于领导者的崭新和重要的发现。尽管“一个诸葛亮，比不过三个臭皮匠”㊁这句话毫不过时，但是对于“伟大”这种境界来说，一个人通常是微不足道的。事实上，我们差不多在每个案例中都发现，这些领导者，无论年少或年老，之所以能取得成功，是因为他们能发现、支持和鼓励其他有才华的人。

在构思本书时，我们的目标是把我们从对极客和怪杰的聆听中所体验到的兴奋和冲动与大家分享，因此，我们一开始就把领导发展的模型先表达出来（见图 1-1）。在接下来的部分中，我们将逐一展现这个模型的主要因素及其来龙去脉，首先从时代如何影响领导者的抱负和行为开始，然后探索在造就领导者的价值观和性格上“熔炉”的重要力量，最后再介绍这些作为终身领导者的男女有何等出色的才能。

㊀《组织天才：创造性合作的秘密》（*Organizing Genius: The Secrets of Creative Collaboration*），在本尼斯的这本著作中，他提出许多大企业组织中出现了合作领导（集体领导）的趋势，单个的伟人式的领导模式已经过时。该书也译作《七个天才团队的故事》。——译者注

㊁ 原文此处是西方谚语“None of us is as smart as all of us”。——译者注

时代的影响

时代，作为领导之道的一个方面，深刻地塑造着每个领导者，但迄今为止，这一点还远未得到它应有的关注。我们重视时代的作用，不是因为它规范着每个人，而是因为它代表着他们所拥有的共同的历史、文化和表演的舞台。就像奥立弗·霍姆斯（Oliver Wendell Holmes）所观察到的，“伟大的人代表着历史进程中的一个战略高点，他之所以伟大，也是因为他生正逢时。”

时代（era）与世代（generation）是很不同的。世代指的是 18 年左右的时间段，所有在同一时间段内出生的人就算作同一世代。我们在这里所讨论的时代是以重大事件为特征的，大概每 20 年左右就会因转折性事件的发生而更迭。同一世代的成员，面对新时代所创造的挑战和机会，可能会产生相当不同的反应。我们长大成人的时代，当然会自始至终成为我们一生中重要的驱动力，但在漫漫人生中，我们会经历许许多多的时代。最近 20 年，以网络的兴起和冷战的结束为标记，可以认为是一个相当完整的时代。现在还说不清楚 2001 年恐怖分子对美国的袭击是否标志着美国的霸权和前所未有的繁荣时代已经结束。

模拟化（analog），是最适合概括描述造就老一辈领导者的时代的字眼；数字化（digital），则成为刻画年轻一代领导者的时代术语（见表 1-2）。许多老一辈的被访者都精通使用类似于对数计算尺（slide rule）这样的模拟式工具，而在那些极客的眼里，这个尺子陌生得如同老式唱片和普通打字机。对数字技术无所不在的冲击所进行的深入分析并不在本书的范围内，但是很显然，计算机和网络对那些和它们一起成长的人（同样也对那些没有和它们一起成长的人）来说，都有极其深远的影响，无论是大幅度地缩小了人们心中全球之间的距离（几乎地球上的每个人都是弹指之遥——鼠标点击一下，几乎就可以联络地球上任何另外一个人），还是能对杂乱无章的信息提供实时的使用权。我们访谈的极客之一，安·克拉克是典型的数字时代的产物。他说他不可想象如果没有了网络，他将成为一个什么样的人——“也许，”他有点发抖地说，“变成一个会计师，然后度过可怜的一辈子。”

表 1-2 时代背景的差异

模拟化	数字化
线性	非线性
地图	指南针
机械	生态系统
COP（指挥、命令、预测）	ACE（联盟、创造、授权）
经验	新手心态
传统战争	恐怖主义与网络战争
专家	深入的通才

在造就老一辈领导者的世界里，有哪些相关的特征呢？那时的世界和现在又有什么不同呢？模拟世界看重线性的陈述和思维。它坚信组织的等级和命令链条（chain of command）。数字世界是非线性的，它摒弃金字塔式的公司模式，崇尚扁平化的组织。用心理学家卡尔·维克（Karl Weick）富有洞察力的比喻

来描述，在大萧条和第二次世界大战期间出生的人可以用一张地图来理解，而想搞清楚数字世界中的野蛮西部（Wild West）却需要一个指南针。维克解释说："地图，按定义上来说，只能在已知的世界里起作用，而这样的世界是被前人走过然后绘制成图的。指南针则是在你不确定自己所处何地，只对方向有一些笼统感觉的情况下大有帮助。"[4]

不管他们的父母是否拥有电视机，极客都是电视儿童。20 世纪 50 年代初期电视机在美国的大规模普及成为领导之道的分水岭，就像它影响从家庭生活到人文艺术等其他很多事情一样。在电视普及之后出生和长大的人们，将永远以他们能轻而易举、高速接收并处理爆炸式的大量视觉信息为特征。今天，一般的美国人在一天中所能接触到的生动视频图像的数量，已大大超出维多利亚时代的人一生所能看到的。你只需观察一下，各代人在学习基础知识的方式上是多么大相径庭。在孩童时期，极客不再像大多数 50 岁以上的人那样，靠着单调无味地反复吟唱来学习字母，而是像在《芝麻街》[⊖]中所学到的那样，一个字母接着一个字母地大声叫着；他们永远不会在令人伤心欲绝的沉闷气氛中，埋头苦干地学习语法，而是通过很多节奏明快甚至有如爵士乐旋律的歌谣到处传唱——有时候，在硅谷和其他新经济聚集区的社交场

⊖ 《芝麻街》（*Sesame Street*），美国非常流行的一个风行全球的木偶剧。"芝麻街"在 1969 年的 11 月首次与观众见面。这一系列剧集的目标观众是学龄前儿童，该剧运用电视媒体的丰富多彩和独特的娱乐性来帮助儿童熟悉社会规则，完成从家庭走向社会的心理转变。芝麻街中的大鸟、阿毛等可爱的木偶形象深受世界各地儿童的喜爱。——译者注

合上，这些儿时歌谣还会被与会人士高声地唱出来。

甚至，两个时代所用的“隐喻象征”（metaphors）也相当不同。老一辈领导者被训练成用牛顿式、机械体系的方式来看待和思考这个世界。新一代的领导者，则倾向于用不断变换和进化的有机体和生态组织来看这个世界。70 岁以上的男男女女，经历和体会到了可怕的传统战争，而 30 岁以下的人只知道偶尔突发的恐怖主义的噩梦，以及无时不在的生化战和网络战争的威胁。早先，经验是很受重视的，资历制度的含义就是认定只有在时间的洗礼下才能学到更多有价值的经验教训。50 年前，一般人都认为领导者必定经历了长期考验，并通过了这些考验，而且是其中的优胜者。丘吉尔曾表达过这样的观点：“我把人的能力分为：第一，勇气和才能；第二，在战火中锻炼出来的实际经验。”而如今的社会则更看重佛教禅宗所谓的“新手心态”（beginner's mind）。它间接地隐含了经验有时会束缚敏锐洞察力的发挥。在这种更现代的观点里，引人入胜的主意大多是从否定传统智慧的角度上推陈出新的，传统智慧本身也代表着退化、过分依赖现状。也许没有人能像作曲家柏辽兹（Berlioz）评论法国大作曲家圣桑（Saint-Saens）时，那样清楚地描述“新手心态”的本质：“他无所不知。他唯一欠缺的就是‘缺乏经验’。”⊖昨天的领导者是专家，寻找答案，也相信答

⊖ 英文原文为：All he lacks is inexperience. 这句话很有思想，本尼斯在他的其他著作中也曾经引用过这句话，但是中文译本中大都误译为“他唯一缺的就是经验”，一字之误，就把这句充满智慧的话译成了一句常用俗话，太可惜了。——译者注

案。今天的领导者则是通才，他们更倾向于要知道如何询问正确的问题。

时代背景如何影响到极客和怪杰对于领导角色到底意味着什么的看法呢？当我们选择同一年龄段（21～35 岁）来比较极客和怪杰的期望和志向时，发现了三个重要的区别。首先，极客比同样年龄时的怪杰有更大、更雄心勃勃的目标，他们期望能“改变世界”及“创造历史”，而怪杰却只想到“维持生计”；其次，极客比同样年龄时的怪杰更强调在他们的工作、家庭和个人生活中求得平衡；第三，极客与怪杰相比，比较不会崇拜英雄楷模，也不以英雄人物作为成功领导者的象征。这两代领导者之间区别最大之处，就是极客对平衡工作与生活的追求和坚持，这一条把两代截然分开，我们将在第 3 章中对此进行详细的说明。总而言之，就像我们所说，这些区别是直接与领导者发展成熟的时代紧密相关的。

我们同时也发现了老少领导者在对世界的看法上的相似之处。例如，两代领导者都如饥似渴地好学不倦——他们老是被新鲜事物所吸引，并且千方百计地寻找能提高他们学习能力的方法。这些极客和怪杰在超越极限上也非常相似，不管这些极限是个人的（如体力或学习能力）还是社会的（如种族或性别歧视）。

然而，将这些男女联系在一起的最富有戏剧化的关系，就是他们都经历了彻底改变他们行为及自我认知的事件。发现这个共同的关系，推动我们从对极客和怪杰简单而有趣的比较，发展到更深刻地发掘这些人究竟是如何成为领导者的。

熔炉的力量

我们发现，所研究的每位领导者，不管老少，都至少有过一次强烈的、脱胎换骨式的经历。那种转变经历正是成为一个领导者的核心部分。我们用来描述它的术语是“熔炉”（crucible）。《美国传统辞典》对“crucible”这个词是这样解释的：“强大的知识、社会、经济或政治力量汇聚的地方、时间或情境；对耐心或信念的严峻考验；在高温下熔化物质的容器。”熔炉（坩锅），是一种古时炼金术士将铸铁炼成金子的大容器。炼金术士不可避免地以失败告终，但这并不能否定作为一种比喻那些能使人脱胎换骨的情境，熔炉所具有的强大的震撼力。

正因为熔炉对于领导之道是如此重要，我们将用第 4 章的全部篇幅来探讨它。在事件或者关系造就一个领导者的过程中，熔炉就是这个模型（见图 1-1）的核心。造就本书中这些领导者的熔炉是各式各样的，有的是被名师点悟，有的是掌握了一种武术，有的是攀登上一座大山，还有的则是输掉一场选举。

有时，熔炉是催人向上甚至快乐的经历。21 岁的电子游戏专家杰弗里・基思利回想起小学二年级时发生的一件使他的一生得以转变的事。那天是个朋友的生日聚会，他用微波炉的盒子做了一个魔术师的桌子，戴上高帽子，然后表演了令人眼花缭乱的魔术把戏。“它使我与众不同。”基思利说，他至今仍记得那些年轻观众的惊叹和崇拜如何让他心中充满力量感，让他有种独一无二的感觉。

有时，熔炉是场悲剧。电视新闻先驱迈克·华莱士，曾不确定是否应该放弃在地方台里有名有利的工作，去试试全国广播公司（NBC）里的一个位子；也就在同时，1962 年，他在耶鲁大学读书的大儿子彼得在希腊度假时，不幸从山顶滚下山谷。彼得失踪两星期后，华莱士才终于找到了儿子的尸体。“那是我真正的转折点。我说，‘去它的吧’，”华莱士回想道，“我将放下我的所有，去干我现在真正想干的事。”

其实熔炉也不一定是一种可怕的煎熬。34 岁的摩托罗拉公司副总裁伊丽莎白·阿尔特曼并没进过监狱，但在日本索尼工厂的那一年里她有了彻底转变。在一家外国公司，各方面的文化差异（尤其是新环境着重强调集体大于个人）使得找到自己该走的路对一个年轻的美国女性来说，不仅仅是一次文化冲击，也是一种挑战。

首位在纽约证券交易所拥有席位的女性莫瑞尔·希伯特，经过了 20 世纪五六十年代的华尔街这座熔炉的磨炼。那时的华尔街充斥着性别歧视，如果不是她把名字从简历上涂掉，换上看不出性别的缩写，她根本就无法找到一个股票经纪人的职位。介入男性一统天下的华尔街，希伯特没有气馁或退缩。相反，她变得更坚强，更专心致志，更坚定不移地要改变排斥她的现状。

第二次世界大战几乎是每个老一代男性领导者的熔炉，其中很多人都是从领导他人而战的艰巨任务中脱胎换骨。这场战争，对很多人来讲也是一种熔炉，由此让他们第一次意识到他们有这个能力和愿望去领导他人。“公民正义”（Common Cause）组织 89 岁的创建人加德纳，把在海军陆战队艰苦的训练作为他的熔炉，在那里他的领导才能得以发挥。“我的许多特质藏在那里等着被生活发掘。”他用极富特色的雄辩口才告诉我们，战场和基本训练被公认为是重要的人生关口，经过它们的洗礼，人们变得不同，他们看待世界的方式和价值观都将永远地改变。那种变化的特性被许多越战老兵的眼睛捕捉到——只有战争期间的人生是五颜六色的，而之前或以后的所有事情都是黑白的。

师徒关系（mentor-protégté relationship）也成了另外一种很有力的熔炉。导师的重要性几乎成为管理文献中的陈词滥调，但我们在第 4 章中将详细说明，师徒关系和其他熔炉一样，都是个人学习、适应和转型的强大过程，不管这个过程是发生在一个家庭中，还是一个组织里。试想，年轻的迈克尔·克莱恩，当他还是十几岁的少年时就在南加利福尼亚州的房地产市场上赚了几百万。正如克莱恩后来告诉我们的那样，他的导师就是他的祖父马克斯·克莱恩（Max S. Klein），他祖父曾在 20 世纪五六十年代创造了风靡一时的数字图画（paint-by-number）[5]。克莱恩回忆起他只有四五岁时，他祖父就接近他，和他一起分享商业上的经验。他祖父告诉他，他的父亲和姑姑（马克斯自己的孩子）都对商业一点不感兴趣。他对迈克尔说：“你从我这儿永远拿不到钱……但我能告诉你所有你想知道的事，教你所有你想从我这儿学的东西。”从克莱恩以及其他许多这样的故事中，我们会发现，教导不仅仅是导师的职责，徒弟同样也可以成为老师，从年轻一代的头脑和技能中，导师也可继续学习，并且更能成功地适应各种无情的变化。

不管熔炉的经历是师徒关系、严峻考验，或是两者兼而有之，我们到头来还是把它看作英雄之路，就像是每个传奇故事的核心那样，从古时的《奥德赛》（*The Odyssey*）到当代的《绝不妥协》（*Erin Brockovich*）[⊖]，都是这样。它既是一个机会，也是一种考验。它是一种关键时刻，能够激发你的才能，迫使你在两难中选择，也能够让人更专注。它让人能够深入地了解自我。这样的经历也许会使人一蹶不振，但对那些还没有崭露头角的人来说，可以从中意识到自己的才能和目标，准备好迎接挑战、创造未来。不管这样的磨炼是否恐惧难耐，每个人都把它作为人生的转折点，能够从此走上企盼已久，或者命中注定的路。

从熔炉体验中创造意义

领导者能从艰难的事件和关系中创造意义，而无法领导他人者却可能被它们所摧垮。即使在和这些考验艰苦斗争时，领导者也从不认为自己绝望无助，或者手足无措。相反，同样是这些事件，他们却从中摒除无能和不幸的方式，并发掘出一些有用的东西，还经常包括一项积极的行动计划。很著名的一个例子就是沃农·乔丹（Vernon Jordan），他是民权运动的先驱和总统顾问。在他 2001 年的回忆录《沃农会识字！》（*Vernon Can Read*）中，

⊖ 也直译作《艾琳·布劳克维奇》，是根据一位曾打赢了当时是美国历史上赔偿额最高的一场官司的美国妇女的故事改编而成的 2000 年的年度热门电影，由朱丽娅·罗伯茨扮演这位勇敢的单身母亲，并赢得了次年的奥斯卡最佳女主角奖。——译者注

乔丹描述了当他还是个毛头小伙子时受到他的雇主马德克斯羞辱的经过。[6]乔丹身穿白色夹克，胳膊上搭着餐巾，给这个有种族主义倾向的亚特兰大前市长端上晚餐。只要马德克斯高兴，他就以嘲笑的口气说："沃农会识字！"好像一个年轻的黑人有点文化是一件很令人惊讶的奇迹。如此这般的羞辱，心志稍弱的人就会被马德克斯打垮，但是乔丹却把马德克斯的有虐待性的诘问，以他特有的方式解释成一个使他更为强大，而不是让他充满怨恨的传奇故事。他给马德克斯当司机，从后视镜里他所看到的马德克斯，不是那个在佐治亚州统治阶层中有权有势的人，而只是一个绝望的、不合时宜的、强弩之末的可怜虫。就像乔丹所写："我不是指他在地球上作为人的肉体消失，而是我相信那造就他的时代正接近灭亡。他关于我的教育半嘲讽、半严肃的言论正是他所代表的文化的丧钟在敲响。当他看见我在自我奋斗，精心缔造使自己成为真正男子汉的人生，在某种程度上也是他所向往的男子汉时，他就感到极大的不安。"[7]乔丹做奴仆所侍奉的家庭，就是让乔丹在马德克斯的羞辱中不知不觉地得以升华的熔炉。无数的领导者都是这样造就的。

纳尔逊·曼德拉（Nelson Mandela）以他强有力的个性特质和想象力，摧毁了狱卒想把他"非人化"的企图。"如果我没蹲过监狱，"2001年，他在脱口秀主持人奥普拉·温弗瑞（Oprah Winfrey）的访谈节目中说，"我将无法完成这生命中最艰难的使命——改变自己。"让我们看看曼德拉是如何把最苦涩的柠檬做成甜美的柠檬汁的。他不把自己看成是简单、消极的受害者——

被别人关押的囚犯，而是一个曾经住过“监狱”的人格独立的个体。他并没有让狱卒限制他的成长，相反，他将自己塑造成一个英雄的形象，这个形象不仅鼓励了非洲及其他地方成千上万的人们，并且在结束种族隔离、创立一个多元文化融合的新南非中起了决定性的作用。对于曼德拉来说，熔炉不仅是外界残酷的现实，更是他在赋予它积极意义的过程中所创造出来的东西。

很多有关领导的文献着重强调领导者的人格特质和习惯。实际上，每个领导者既有其独特的障碍，也有他所拥有的宝贵财富。不管这个障碍是贫穷，是生理特征所带来的不安全感（如迈克·华莱士在青少年时为青春痘所苦恼），或者是种族、性别歧视（建筑家弗兰克·盖瑞曾被大规模的反犹太人的行动所困扰，不得不在他第一个孩子出生前不久就将他的姓改掉了[⊖]）。在我们名单上的每个人都有一个沉重的包袱，一个可以接受的、解释自己为何无法成功的理由。福特汽车公司的高级经理（也是极客）伊丽莎白·高很好地表述了这个观点，她说：“每个人都有自己的一堵高墙要攀越。”我们发现，领导者和其他无法成为领导者的人最为关键的区别之一，就是领导者能将他们生活中消极的事物，转换成服务于他们的东西。对于领导者，化逆境为助力是真

⊖ 盖瑞祖籍波兰，是个犹太人，他出生并成长于加拿大的多伦多，1947 年举家迁往美国加利福尼亚州定居。盖瑞原来姓氏为戈德伯格（Goldberg），前妻因怕他们的小孩受到歧视，建议他改名为 Gehry。童年经历曾让他因自己的犹太姓氏和周五身上的鱼味，遭到同学嘲笑。这项犹太宗教传统——周五吃鱼（很多基督徒仍保有这种信仰习俗）虽然和不愉快的记忆有关，但当时每周五家中浴缸里游动的草鱼，却成了盖瑞日后创作上时常出现的造型源泉。——译者注

正甜美的。

什么造就领导者

我们的领导模型的另一个重要部分，就是展现于熔炉另一侧的，我们界定终生领导者和学习者的那些特质，我们将在第 4、5 章详细讨论。不管年轻或年老，我们的领导者共同分享的一个关键的资本，就是他们的适应能力（adaptive capacity）。这种通过体验新的经历，寻求其积极意义，并且将此融会于各自的生活中的能力，实际上就是领导者，以及任何生活幸福美满的人们所共同拥有的标志性技能。

乐观是健康心理学家所说的“性格坚强”（hardiness）的一个组成要素，也是让人们持续成功的一系列人格特质中的重要一条。我们将在本书的第 5 章中对这些特质进行详细讨论。其他特质还包括不屈不挠、自信等。实际上领导者也有很多“才美不外现”之处。如同诺贝尔文学奖得主索尔·贝娄[⊖]，他的性格更像

⊖ 索尔·贝娄（Saul Bellow），美国作家。1915 年生于加拿大魁北克省的拉辛镇，父亲是从俄国移居来的犹太商人，1924 年举家迁至美国芝加哥。自 1938 年以来，除当过编辑和记者，并于第二次世界大战期间在海上短期服役外，他长期在芝加哥等几所大学执教，现任芝加哥大学教授。1941～1987 年的 40 余年间，贝娄共出版了 9 部长篇小说。《奥吉·玛琪历险记》（1953）的出版，使他一举成名，奠定了他的文学地位。这部小说成为当代美国文学中描写自我意识和个人自由的典型之作。1976 年，由于他“对当代文化富于人性的理解和分析”，获得诺贝尔文学奖。2000 年以 85 岁高龄写出新书《拉维尔斯坦》，这本书以他最好的朋友阿兰·布洛姆为原型，也引起了一些争议。——译者注

他的长篇小说《拉维尔斯坦》(*Ravelstein*)中的主人公，他们都是“一流的观察者”。成为一流的观察者，可以让你更好地发掘人才、识别机会和避免陷阱，而能一次又一次成功的领导者正是善于抓住机会的天才。这只是其中的特质之一，就像品位，你是很难把它细分为更小的组成元素。但能权衡混沌的事实，即使是微妙到诸如不同圈子的人是如何来解释一个手势的这般，才是一个真正领导者的特征。

如何界定优秀的领导之道？最好的办法之一就是去研究错误的领导者。虽然我们要在第 5 章里详细探索这种方式，但在这里还是先举个简单的例子：莎士比亚笔下的悲剧人物罗马将军科里奥兰纳斯(Coriolanus)[⊖]。作为一个伟大的勇士，一个有强烈正义感的男子汉，科里奥兰纳斯只有一个弱点——完全无法和罗马人民打成一片，并让他们接纳他的远见卓识。在领导之道的背景下重读此剧本，我们情不自禁地想到科里奥兰纳斯的妈妈沃伦姆尼亚(Volumnia)，她就像是古罗马时代的一位 CEO 教练，训练着一位特别顽固的客户。她一次又一次地鼓励她的儿子去和人交谈，但是科里奥兰纳斯就是听不进去。他没能真正体会到人民对他的热切期望，或者他们将如何回应他的冷漠。他在一定程度上认定去广泛接触大众是一种媚俗迎合，这将以牺牲他的正直

⊖ 莎士比亚晚年抑郁时期所写下的悲剧，描述了傲慢的罗马将军科里奥兰纳斯在人民同意下当选执政者，但他刚正不阿的个性使得他经常无法对臣子妥协，因而得罪了两位护民官，于是这两位护民官鼓动民众抗暴，科里奥兰纳斯因此被冠上莫须有的罪名而被驱逐。之后，科里奥兰纳斯立誓要扬眉吐气重回罗马，却投靠了敌军伏尔人，并率领伏尔军队进攻罗马城，真正走上了叛国之路。——译者注

公正为代价。

最后，在结束我们的领导模型概论之前，还需要讲述一下从我们的研究中浮现出来的、最令人兴奋的观点之一。我们发现每位能持续保持领导角色的怪杰，都有着一种决定性的重要品质——赤子态（neoteny）。在字典里查找"neoteny"——这是一个动物学的术语，是这样解释的："成年所具有的幼年特征。"赤子态远比保持年轻的容貌这一层含义要深远得多，虽然那也常常是其中的一部分。赤子态是指对我们常常和年轻联系在一起的美好品质的保持：好奇、活泼有趣、热诚、无所畏惧、热情洋溢、精力充沛。不像那些被时间和岁月所击垮的人，我们的怪杰很像我们的极客那样——开放、愿意承担风险、对知识和经验如饥似渴、勇于向前、翘盼明天。时间和失败偷走了那些命运欠佳者的热情，遗留给他们的只是对昨天的渴望。赤子态是一种对品格的隐喻——那种不管年龄几何，仍能把精力集中在即将来临的、美好的未知事物上的天赋。弗兰克·盖瑞所设计的建筑让那些比他年轻一半的人都感到汗颜。是赤子态使他穿上冰鞋，在冰场里飞旋，同时那些富有创见性的建筑在他脑海里栩栩如生、翩翩起舞。

在所有人当中，沃尔特·迪士尼（Walter Disney）曾最为贴切地描述了他自己的赤子态。他写道："和我在一起工作的人说我是'行动中的天真'。他们说我有一种孩童般的天真和不做作。我还是以'未受污染的新鲜感'来看这个世界的。"[9]

这种拥有"未受污染的新鲜感"的能力，正是成功者和芸芸众生之间的根本差别，也鲜明地区分了任何时代中快乐的参与者和习惯性的失望与不满者。从这一点上，无论是极客、怪杰，还是年龄在这两者之间的众人都可以学到非常宝贵的一课。在接下来的两章中，我们将一起来探讨两个错综复杂的不同时代是如何影响这些人的动机、价值观和抱负的。

第 2 章

GEEKS & GEEZERS

怪杰：受限的时代

1925 年出生的领导者和 1975 年出生的领导者在人生和思维上都有什么差别呢？ 1950 年时的一位聪明、雄心勃勃的 25 岁的年轻人和 50 年后同样条件的一个年轻人又有何不同？我们不是社会历史学家，也无意戏说或是改写历史。我们希望通过提供一系列快照（snapshot）似的印象，能够抓住两代领导者成长期间的时代精神、潮流，然后再说明这两代人在这样的一个广阔的背景下生活和学习的真实状态。

故此，我们首先来观察两代领导者长大成人的那段期间：怪杰是从 1945～1954 年，极客则是从 1991～2000 年。这一章我们将探索怪杰作为成人以及作为领导者“翅膀长硬”的青年时期的环境——我们把这段时期称作“受限的时代”（Era of Limits）。第 3 章则将平行展开极客的成长历程，我们称那一段时期为选择的时代（Era of Options）。

受限的时代：1945～1954 年

第二次世界大战结束，盟军的获胜激发了美国人对于未来审慎乐观的态度。但是集中营的死亡与残酷逐渐为世人所知，再加上美国因为拥有原子弹而衍生的责任，就使这股战胜的兴奋之情笼罩上了厚厚的阴影，甚至烟消云散。西方国家与苏联等共产主义阵营之间因为意识形态而引发的“冷战”，取代了在欧洲和太平洋地区的“热战”，美国社会的紧张气氛不断升高。1950 年夏天，朝鲜半岛爆发了战争。当时的美国总统杜鲁门在日记中写道：“仿佛第三次世界大战已经爆发，而我们一定要沉着应对，我们一定会的。”[1] 美国迅速巩固其世界超级大国的地位，不仅通过“警察行动”插手朝鲜半岛局势，也利用马歇尔计划实现欧洲重建，并且延长了占领日本的时间（1945～1952 年）。美国就像愿望突然实现的小男孩，拼命想了解自身在世界舞台上扮演的角色。

战后的年轻人终其一生都得活在第二次世界大战的阴影下。1946 年 8 月，《纽约客》杂志以整期的篇幅刊登约翰·赫塞（John Hersey）的短篇小说《广岛》（*Hiroshima*），并很快就成为一本全国畅销书。通过几位普通人目睹的一颗原子弹的爆炸所造成的人类灾难，这篇小说唤醒了许多美国人对核武器时代降临所带有的真实危险的觉悟。1948 年，诺曼·梅勒（Norman

Mailer）的《裸者与死者》（*The Naked and the Dead*）一书入木三分地重新探讨了战争的悲剧。虽然这些人无法很快忘却战争的教训，年轻的美国人却又急着弥合心理及生理的伤口。他们仍清楚地记得孩提时代，父母在经济大萧条期间吃尽苦头，而自己却能在战后经济的复苏与繁荣中顺利找到工作、在郊区购置住宅、让子女到新成立的学校念书。

退伍军人和家属准备重返故土，但是这块土地也并不太安全。即使《生活》（*Life*）杂志宣称“这是美国历史上最太平的盛世”，还是有郊区的居民在自家后院挖防空掩体[2]。1947 年，好莱坞的一群电影编剧受到有关当局的侦讯，然后被判处一年徒刑，并且事后被列入黑名单。几年后，轰动一时的罗森伯格夫妇（Julius and Ethel Rosenberg）间谍案㊀爆发，全美及世界很多国家都感到震惊。罗马教皇比约十二世（Pope Pius Ⅻ）建议美国当局宽容对待，法国哲学家萨特（Jean-Paul Sartre）则认为，罗森伯格遭到处死“是让全美国都染上鲜血的一桩合法私刑”[3]。美国年轻人以生命换来的自由，似乎受到来自四面八方的威胁。

㊀ 罗森伯格间谍案又称核弹间谍案，两位当事人是裘利斯·罗森伯格与埃瑟尔·罗森伯格夫妇。他们被控替苏联人窃取核机密，对他们的审讯长达 2 年。其间，这对夫妻一直拒绝认罪。1953 年 6 月，两人在星星监狱被处决。罗森伯格夫妇是美国冷战时期仅有的两名被处决的间谍。以此案为契机，美国极右反共势力麦卡锡主义趁机在国内扩大地盘，令美国陷入长达数十年的白色恐怖。2001 年，当时本案重要的证人罗森伯格夫人的弟弟向公众宣布他当时受怂恿而做出了伪证，更使 50 年前的这桩案子掀起新的波澜。——译者注

此刻，在《退伍军人权利法案》[㊀]（GI Bill）下，经受战争恐惧折磨的年轻人有机会涌入大学就读。年轻人在郊区购买房子，享受生活在经济大萧条时代的父母做梦也想象不到的物质生活。《金赛性学报告》的出版让美国人又爱又恨[㊁]。年轻的作家杰克·凯鲁亚克（Jack Kerouac）所写的《在路上》（*On the Road*）记录着一些体验，进而引发了几年后的“垮掉运动”（BEAT movement）[㊂]；当局以一只和蔼可亲的拟人化乌龟伯特（Bert）教孩子唱儿歌《蹲下和盖上》（*Duck and Cover*），让他们学习如何在遭到原子弹袭击时“躲避掩护”。这可以看作受到

㊀ 1944 年 6 月 22 日，美国罗斯福总统签署了《退伍军人权利法案》。该法案是第二次世界大战后美国非常重要的政府措施，目的是提供更多机会给返乡的退伍军人。现在回顾来看，其效果是很显著的。——译者注

㊁ 阿尔弗雷德·金赛（Alfred Kinsey）是印第安大学的动物学教授。他的性学研究成果，也就是著名的关于男性性行为和女性性行为的《金赛性学报告》分别出版于 1948 年和 1953 年。金赛研究的规模和样本的多样性都是空前的，但他的所有研究对象都是白人。由于《金赛性学报告》显示出人们的实际性行为和广为接受的性道德相去甚远，这使他的工作引起了极大的争议。举例来讲，金赛的研究显示出，相当数量的美国人——26% 的妇女和 50% 的男子有婚外情。金赛揭示了同性恋在美国的普遍存在，这要比报告中其他所有发现都更具震撼性。一时间，许多人感到大受冒犯。——译者注

㊂ 《在路上》是凯鲁亚克的自传性代表作，由作家用 3 个星期在一卷 30 米长的打字纸上一气呵成。1957 年一经问世即令舆论哗然，毁誉参半。小说主人公为追求个性，与几个年轻男女沿途搭车或开车，几次横跨美国大陆，在路上狂喝滥饮、吸大麻、玩女人、高谈东方禅宗，走累了就挡道拦车，夜宿村落，从纽约游荡到旧金山，最后作鸟兽散。书中体现了作者主张的即兴式写作技巧——思绪的自然流动，反情节，大量使用俚语、俗语、不合语法规范的长句，并广泛涉及美国社会及文化习俗。此书影响了整整一代美国人的生活方式，公认其是 20 世纪 60 年代嬉皮士运动的经典。小说被称为“垮掉的一代”的代表之作，至今仍拥有大量读者。——译者注

限制的稳定时代：丰衣足食和进步繁荣被原子弹战争和又一次股市崩盘的乌云所笼罩。

大企业和组织人

第二次世界大战结束之后的 10 年中，美国的大型企业欣欣向荣，那些早就预见到经济发展会向战后经济转轨的企业是最好的。许多退伍军人及其家属都搬到了美国西部，希望在航空航天部门找份好工作，也有人向北迁徙，选择进入产业界。当本尼斯，本书的作者之一，开始在麻省理工学院的斯隆管理学院教书时，班上的学生都是 30 多岁的已婚白种男性，唯一的“少数族群”是加拿大籍学生，几乎没有学生来自小企业，像斯隆管理学院这样的商学院里的学生清一色地来自大企业。

这些大企业既有通用汽车、福特等汽车制造商，通用电气和西屋等耐用消费品制造商，也有冷战状态下军备竞赛的受惠者，例如洛克希德（Lockheed）及通用动力（General Dynamics）等，大家都想在市场上占据主导地位。大企业为了保护核心资产不受供货中断的威胁，垂直整合（纵向一体化）就成了主要的策略。

企业领导者对科技的重要性笃信不疑，倾心投入。毕竟，核能技术、雷达、声呐等高科技的研究成果使盟国赢得了第二次世界大战。战后，高科技的发展继续突飞猛进：医学研究发明了合成抗生素，化学家创造了塑胶和杀虫剂，核物理学家更进一步，探索利用核能发电。借助科技进步，原本就已富裕繁荣的美国跃居世界经济统治地位。

战后，工会组织应运而生，因此大公司也代表着有优厚员工福利的好工作。由于联合企业工会（UAW）在这一时期运用集体的力量与企业协商，员工福利的观念终于诞生：在许多行业中，员工第一次获得了包括医疗保险、退休金、带薪休假等福利；工会领袖能够促成员工生活水平的提高，也因此很受尊敬。

大型企业茁壮成长最重要的意义之一，是“组织人”这个概念的问世。怀特（William H. Whyte）于1956年敏锐地写道：

> 他们不是劳工，也不是一般处理事务性工作的白领阶层。这些人只为“组织”工作……他们是那种生理及心理上都离开家的中产阶级，发誓要在组织中生活，他们才是我们这个时代中基业长青的伟大组织的灵魂人物。[4]

在“组织人”时代，所谓的事业就是企业内部充满着彼此忠诚的想法：员工对组织和老板忠心，组织也对员工忠诚。大企业运作的模式是解决问题和理性计算的工程模型，对承担义务及埋头苦干给予奖励。在许多方面，事业这个概念与军队中的指挥系统和标准运作程序几乎就是一回事：遵守规矩、服从职权，企业运作就会顺利通畅；而企业运作顺利通畅，所有人就都能因此受惠。在这套体制下，经验受到高度重视，因为经验代表着知识。这也显示出了一种对于游戏规则的合法性的接受，归根到底，雇主和员工都受到一种社会契约的约束。在某种程度上，员工必须为了组织的“手足之情”牺牲个人特质；作为回报，组织也通过薪酬和其他保障，确保员工过上“好日子”。

快速向中间靠拢

从人口结构和经济角度来看，美国在这个时代逐渐成为一个中产阶级社会。尽管贫富差距未见改善，而且在美国北部的种族歧视现象也开始引起注意，美国梦（American Dream）仍然充满着中产阶级的色彩。美国被电视统治，美国人打发时间、获得新闻以及对世界的看法都来自电视。电视问世初期，不但塑造了郊区白人社区的自我形象，也凸显了核心家庭的理想。无论当时社会的现状实际怎样，电视上永远把男人塑造成养家糊口的角色，女性则是家庭主妇。虽然《金赛性学报告》披露了同性恋者的存在，电视上仍然只承认异性恋的情侣，性别及种族严格地限制小男生和小女生对未来的抉择。电视上呈现的画面都是经过消毒处理的——现实生活当然不一样：女权主义及民权运动的星星之火开始在 20 世纪 50 年代四处蔓延。一个年轻人，后来成为黑人民权领袖的马丁·路德·金，1950 年时正在读印度圣雄甘地的事迹；1955 年，罗斯福总统夫人（Eleanor Roosevelt）发表了一篇文章，标题是“妇女不需要养家糊口，那么她们工作的动机是什么？”她在文中提出的答案是——自我实现，这也不符合 20 世纪 50 年代社会对女性的普遍印象。[5]

虽然社会上仍有反对的声浪，汽车、家电用品、家具以及香烟的广告仍然以穿着考究的夫妻跟子女嬉戏的画面为主流，广告开始和政治意识形态的影响并驾齐驱，预示着未来极客时代的到来。娱乐和广告集团的影响力到底有多强？主演《我爱露西》(*I Love Lucy*) 的女演员露茜·鲍尔（Lucille Ball）于1953年向记者坦诚承认，她曾经为了取悦祖父而加入过共产党，而她的赞助商菲利普·莫里斯（Philip Morris）公司却拒绝因此就撤掉对《我爱露西》这部大受观众欢迎的系列剧的财务支持。美国人实在是太着迷鲍尔扮演的家庭主妇形象了。德西·阿纳兹㊀在报纸上语带双关地为她解嘲："露西身上唯一的红色就是她的头发，可连那都还是后染的。"[6]美国人很快就原谅她了。

战后美国的道德领域由教会主导。我们虽然难以比较这个时代美国人的虔诚程度是否高于极客所处的时代，但是前者在去教堂做礼拜等形式上绝对更有制度[7]。市郊只要一有新社区成立，就会立刻设立教会。基督教的主流价值成为全美国道德生活的核心。在大部分美国人的心目中，对抗其他的意识形态就像圣经中的善恶战争，他们更相信，上帝是站在民主阵营这一边的[8]。

美国人信任公共事业机构，或许是因为他们已经为维持这些公共事业而贡献了钱财，但也是因为20世纪30年代他们还是孩童时，曾经接受过这些公共机构的帮助。美国在很短的时间内调动人员打了一场大胜仗，战后从1945年到1954年，共有225万名男女因《退伍军人权利法案》受益。美国的领袖提

㊀ 德西·阿纳兹（Desi Arnaz），鲍尔的丈夫，是该剧的男主角，也被称为美国影视辛迪加之父。——译者注

出了马歇尔计划来帮助欧洲，同时也并未废除日本的君主制度。有人会对政府和缴税有怨言，但是纵使修订《新政立法》(*New Deal Legislation*)的保守阵营也没有人公开质疑政府设立的公共事业。以白种人、中产阶级为主流的美国社会，对子女就读郊区公立学校的新校舍、明亮的教室、充裕的开放空间赞不绝口。中产阶级开始搬到新社区，放弃公共交通和市区学校，改以私家车代步，让郊区和市区的对比越来越明显。借助社会保障体系的建立，《瓦格纳法案》(Wagner Act)及军队中废除种族隔离制度后，美国政府开始救济社会弱势群体并改善他们的生活条件。

这个时代还出现了若干真正的偶像人物，他们被《时代》杂志誉为"全方位的英雄……永远都是正确的"[9]。例如体坛英雄乔·迪马吉奥(Joe DiMaggio)㊀和斯坦·穆西亚(Stan Musial)，成为美国男子气概的象征。吉米·斯图尔特(Jimmy Stewart)和约翰·韦恩(John Wayne)，以及鲍尔等电影及电视明星，也成为众人宠爱的焦点。政治及意识形态的代表人物，包括小罗斯福总统伉俪、艾森豪威尔总统、麦克阿瑟将军，更不仅是名流而已，事实上，不同阶层的人们都对他们景仰有加。

连接时代的桥梁

这本书的一个核心假设就是我们出生的时代对我们生活的影

㊀ 影星玛丽莲·梦露的第二任丈夫，美国职业棒球历史上的传奇人物，20世纪 50 年代纽约扬基队的头号明星。——译者注

响极其深远，只是我们平常没有觉察到罢了。属于某一个特定世代的电影，实际上都在诉说着他们对于共同经历的回忆，过去的每个细节，从服装式样到价值观念，都反映着一种共有的身份认同。大导演弗雷德·金尼曼（Fred Zinnemann）把詹姆斯·琼斯（James Jones）描写处在战争边缘的美国的同名小说改编拍摄成的《乱世忠魂》(***From Hero to Eternity***)㊀，哪位怪杰看了不受到感动？在当代电影《高保真》(***High Fidelity***)㊁中，史蒂芬·弗雷斯（Stephen Frears）所描述的社交无力感和对音乐迷恋的现象，为什么能够引起极客的强烈共鸣？每一部这样的电影都充满了只有历经当年、身临其境过的人才能够完全体会的文化信息。这些电影作为映照其他时代的窗口，使我们可以利用 90 分钟时间及手里的一桶爆米花，弥补我的老友施莱特所谓的“经常让世代之间存在鸿沟的体验落差”。[10]

我们考虑的重点之一是：涉及态度或者经验的比较，一定得是“苹果对苹果”的比较，也就是说处在同一人生阶段的男女之间的比较。为此，我们以同样的问题询问了每个接受访谈的对象——在人生同一时点上的抱负、忧虑以及人际关系。例如，当我们请被访谈对象说明其领导之路的“关键时刻”时，他们往往会依照时间先后顺序说出。当怪杰提出的“关键时刻”发生在

㊀ 此片 1953 年获得包括最佳影片、剧本、导演在内的八项奥斯卡奖，金尼曼后来在 1966 年还凭《良相佐国》(*A Man for All Seasons*) 再获最佳导演殊荣。——译者注

㊁ 2000 年试金石公司影片，也有译为《高度忠诚》的，似不如《高保真》贴切。影片的主人公是一位唱片店的老板，流行音乐的发烧友。——译者注

25～30 岁，我们便提出作为对比基础的许多问题来探究。如此才能缩小极客与怪杰成长时期的差距，来比较两组年轻人。

尽管在第 3 章中我们将详细说明时代背景如何影响各组领导者的抱负和动机，我们还是在此列举每个时代的人口结构（见表 2-1），先睹为快。

表 2-1 受限的时代和选择的时代之间人口结构的差异

	受限的时代	选择的时代
每户平均人口	3.37	2.63
双亲家庭的儿童比例	86.5%	69.0%
结婚年龄的中位数（男 / 女）	22 / 20	27 / 25
1925 年及 1975 年出生者的平均寿命（男 / 女）	66 / 71	73 / 79
65 岁以上男性仍然在职的比例	47.0%	16.4%

25～30 岁时的怪杰

那些接受我们访谈的年过七旬的领导者，他们在 25～30 岁时心里都在想些什么呢？受限的时代对身为个人以及领导者的他们造成了什么样的冲击呢？图 2-1 说明了我们的访谈对象提到的主题，他们在解释时代背景对于自身生活的影响的同时，也会特别强调其中的因果关系。

为谋生计

1959 年，MB 游戏公司（Milton Bradley）为了纪念其创办 100 周年，特别推出了“现代”盘上游戏“游戏人生”（the

Game of Life)。游戏包含从高中到退休的所有人生道路，也有捷径和弯路、平坦大道和死胡同。广告所给的示范游戏建议玩的人“找个好工作，结婚生子，躲开坏运气，赚上一笔钱，就能以胜利者的身份退休，享受最大的财富”。

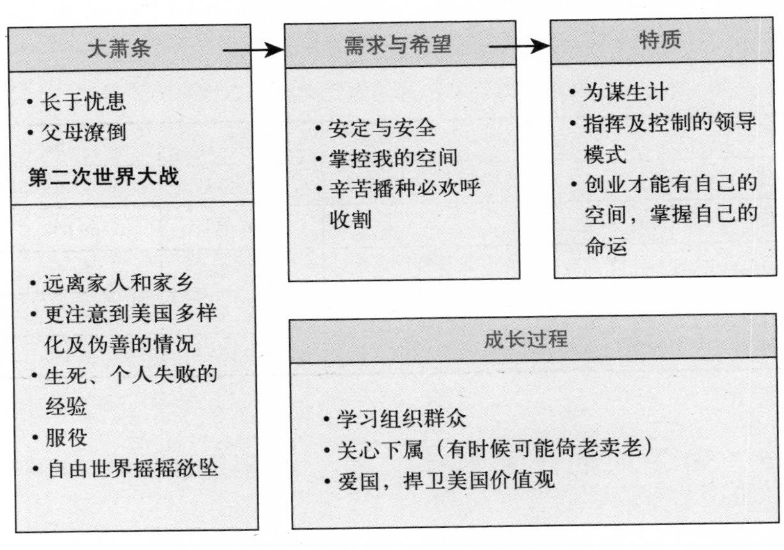

图 2-1　与怪杰访谈的主题

在受限的时代中，怪杰其实就是在玩“游戏人生”。就像游戏中一样，生命中充满许多不可预料的因素。没有人可以预测自己的事业会多么成功，或者未来的婚姻及家庭生活如何幸福美满。但是传统定义下的事业和家庭，已经被看作理所当然的事情。一个人一生大概会在一个领域中工作，在一家公司供职，或者至多两家公司，游戏也是如此。成功法则非常简单明确：努力工作、有所成就就能晋升，最后退休时领到养老金（大概是由社会保障所提供）。供养家庭所需，为子女树立榜样，就能幸福地完成整个游戏。威尔逊（Sloan Wilson）于 1956 年以“穿着灰色法兰绒西装的男子”一文描述白领阶层的世界和阿尔弗雷德·斯隆[⊖]对现代企业经理人员的定义——“大企业的主人和仆人”，有异曲同工之妙。

怪杰在 25～30 岁时就有“一生只能走一回”（或者游戏中只有一次机会）的观念，除了直接受到个人经验的影响外，也受到经济大萧条之后他们父母的经验的影响，因此在第二次世界大战结束后他们一心一意只是追求安定的生活。[11] 经济大萧条期间，他们都是孩子，可以说是长于忧患。他们亲眼看到父母失去房子和工作的潦倒状况，因此，他们长大成人后，首要目标就是确保经济安全。现年 82 岁的西德尼·哈曼是音响器材制造商哈曼国际公司（Harman International）的董事长，他在十几岁时就认定，人生成功的定义就是稳定的收入。他说，“如果有人愿意以年薪 5000 美元跟我签下终生工作合同，那就是成功。我 30 岁时，成就就是赚钱。当时的成功就是经营企业，而且经营得道，让我受到肯定和获得报酬。那就是成功。”

⊖ 阿尔弗雷德·斯隆（Alfred P. Sloan），1875—1966，美国现代企业管理的伟大实践者。斯隆毕业于麻省理工学院。1920 年出任通用公司副总经理，提出改革通用公司管理的方案，被总经理采纳，1923 年被任命为公司总裁直到退休。他针对通用公司情况提出的“分散经营和集中协调相结合”的管理方式被沿用至今；他首先提出汽车不仅是一种交通工具，还需满足顾客追求个性、审美和舒适的需要。在他的卓越管理下，通用公司成为全世界最大的汽车企业。麻省理工学院以他名字命名的斯隆管理学院是美国企业家的摇篮之一。——译者注

82 岁的迈克·华莱士在哥伦比亚广播公司（CBS）任职，是经典节目“60 分钟”的开创人之一，他 21 岁时认为成功就是：

> 年薪 10 000 美元，而且拥有一定的安全感。因为我来自一个移民家庭，父母都来自俄罗斯，当他们踏上美国时，父亲 16 岁，而母亲才一岁半。他们都非常敬仰罗斯福总统。对他们来说，罗斯福代表着希望、承诺和机会。在经济大萧条时期长大，是一件非常艰辛的事情。家中的资助不多，我到处打工，在校园附近的兄弟会洗碗或者当招待，在全国青年会有个月薪 30 美元左右的工作，诸如此类而已。

其他怪杰跟华莱士一样，都以自己的家庭出身作为奋发图强的背景，和日后成就的对照，一点也没有矫揉造作的意思。71 岁的迪·哈克是 VISA 国际组织退休的 CEO，他这样回忆起自己的成长过程：

> 我是 6 个兄弟姐妹中年纪最小的。我出生在犹他州一个山城的小社区，我的父母都只读到初中。我们家只有两个房间，没有水管，也没有自来水，面积大约有五六十平方米，位于落基山脉一个农业区。我夫人有 12 个兄弟姐妹，她排第 11，也是在一个勉强得以温饱的农场长大。她的父亲在她上高中时因癌症去世，她虽然各门功课都是优等，却直到中年才有机会念大学。

换句话说，这些年轻人非常珍惜父母提供的有限资源，但是他们下定决心要让自己的子女过上更好的生活。

沃伦·本尼斯永远都记得父亲失业回家的那一天，那天成为他人生中的转折点：

> 父亲失业那年，我才五六岁。当时他非常无助，没有任何可依靠的人。他既没有社会福利，也没有退休金。失业后的几年，日子过得很苦。他做过许多临时工，搬运私酒到货车上、帮律师跑腿送传票、为共和党发传单，以此来赚取微薄的薪水，甚至 25 美分，而不是 1 美元。当他回家告诉我母亲他失业的时候，母亲失声痛哭，我当时就下定决心："我绝对不要让自己走到这步田地。我绝对不要让任何人有任何可能使我走向那步田地。我这一辈子绝对不要让自己陷入彷徨无助的境地。"

军队的洗礼

服役，尤其是在第二次世界大战期间服役，让怪杰在确立抱负和培养技能上留下印记，并伴随着他们进入受限的时代。霍伊和施特劳斯在他们对美国"代际差距"（generational difference）的启蒙研究中指出："战争英雄返乡后，无论回到校园、职场还是从政，都带来了一种成熟、认真的态度。"[12] 约翰·加德纳是美国"公民正义"组织的创办人、"独立部门"（Independent Sector）的共同创办人，也是斯坦福大学的教授，他在 2002 年去世，享年 89 岁。他提到他担任海军陆战队军官的经历对自我认知（self-concept）的影响非常深远：

> 我非常孤独、冷僻，向来都是个旁观者……我从来不认为自己应该掺合任何事。我必须摆脱这种模式。海军陆战队生活给了我很大的帮助，只不过用了些领导之道的基本原则。如果你在海军陆战队队员面前表现得不像一个领导者，他们会让你知道。他们让我走出了性格上的阴影。

艾德温·古斯曼曾经担任司法部长罗伯特·肯尼迪（Robert Kennedy）的助理，后来赢得了普利策奖，成为报社主编。他这样回忆起军旅生涯在 20 世纪 60 年代初期对于整个肯尼迪政府的影响：

> 肯尼迪政府有很多独特之处，其中之一就是几乎所有成员都曾经参加过真正的战斗。他们可能担任过士官、军官或者一般士兵。连肯尼迪总统也不例外。我的意思是，他不只是乘飞机飞到过那儿，而是真正亲身到过战场。这种集体经验对于整个内阁确实有影响……特别是从组织的角度看。往往由于军事经验所赐，我们具有迅速应变的能力。

出人头地

接受我们访谈的怪杰认为，决定谁能“出人头地”的关键至少在于努力工作、全心付出、远大抱负、基本的能力和智慧。事实上，“事业”一词和薪水、阶层是同一个意思。现年 74 岁的比尔·波特是 E*Trade 公司的创办人，他从海军退伍后不久就到通用电气公司任职，从升迁和奖励的制度中找到了自己努力的量尺。他说：“我当时觉得最重要的事情就是在通用电气公司获得晋升，好像在帝国中逐渐往上爬。我不知道这是否代表权力……但肯定带来大把钞票。”

现年 71 岁的唐·吉维兹创办了“丘陵集团”（Foothill Group），后来出任美国驻斐济大使。他在 30 岁的时候为成功下的定义是——“当时……几乎所有人想的都只是赚钱和发财，积累足够的财富才是人生的里程碑。我现在虽然说起来有些不好意思，但在当时那的确就是我的动力来源。”

莫瑞尔·希伯特是第一位在纽约证券交易所拥有席位的女性，她 20 多岁时认定的成功是靠度假的方式，或者是否买得起新汽车来界定的。

对于 25～30 岁的怪杰，工作是他们当时社会认同的核心。他们想得最多的就是“要成为大人物”，也认定身份地位必须自己去争取。对许多人来说，身份地位来自组织。许多怪杰非常忠于他们自己的公司，至少到他们自行创业前都是如此。对于记得失业惨状的人来说，在一家慷慨大方的公司有个安稳的工作是何等甜蜜。

真是这样，他们当时大都集聚在这样的公司——通常有着如今已经不再时兴的官僚管理体制，统一规定的公司内部着装，灰色法兰绒套装搭配看上去不扎眼的领带。就像比尔·波特向我们提到的那样，这样的大公司经常是那些年轻上班族批评的目标：

我和朋友经常到纽约州北部猎鸭子，我们在埋伏处等候时，往往根本就没有鸭子，不过我们两人总是坐在那里闲聊通用电气公司的管理阶层，谈他们犯的错误，他们的呆板和故步自封等。我们也许说对了一些事情，但当时最重要的事情还是要在通用电气公司逐步晋升。

希伯特说过，华尔街和大部分大企业对于追逐事业的女性“并不友善”（对犹太人也是如此）：

大公司不愿意聘用我，我无法在这一行中建立声誉，只好到一家小公司担任合伙人。大公司没有女性，女性高级职员根本不存在。他们也许会聘请女性担任秘书，有时候有一两位分析师是女性，但是女性分析师也被视为秘书。华尔街有一段时间非常歧视女性，我记得有一次我想换工作是因为男性的薪水是我的两倍。我换了两次工作。我寄简历给市区里每一家证券公司，却连一个面试的机会都没有，因为我的简历上是一个女性的名字。后来我换了一个中性的名字，简历只字未改，却获得了面试机会，也得到了那份工作。这就是现实世界。

身为女性、犹太人以及非律师出身的莫瑞尔·希伯特早年在华尔街备受打压，但是她以自己的方式来回应反犹太人的情结：

我在市区推销证券时，亲身经历过反犹太人的情结。我有时候得和大机构的职员外出，但是午餐喝酒是常有的事，几乎是做生意的典型模式。可是有些人几杯酒喝到肚子里，就开始数落犹太人。遇到这种场面，我早就准备好了特制的问候卡片，上面写道——

玫瑰是红色
紫罗兰是紫色
以防你不知道
我是犹太人

我亲手把这张卡片交给他们，然后说，“用餐愉快。”他们拿了那张卡片，从此我再也没有听到对犹太人的无聊批评，而我的身份也不再使任何人感到难堪。

这些批评虽然尖锐，但比尔·波特和莫瑞尔·希伯特他们却都肯定这种体制。事实上，近年来对“组织人”的抨击，模糊了受限的时代的一个重要方面。这些大企业帮助整个世代的人能够在郊区购买住宅、教育子女、培养管理甚至领导技巧，使得公司在接下来的几十年中都能够受益。因此，大部分年长领导者在 50 年的职场生涯中，最多只待过三家公司。

尽自己的义务

怪杰把经验看作一种成就和承诺。举例来说，华莱士告诉我们一段令人痛心的对话，是他和一位年纪只有他 1/3 的女孩。他说：“我告诉她，‘你的义务尽得还不够。’我相信这句话是真的。

我是说，她是个不错的女孩子，但是你得一步一个脚印，不断学习，然后向上攀升，再学会新事物。但是她却经常跳槽，仿佛一只萤火虫！”

对于怪杰来说，“尽自己的义务”代表两件重要的事情：你必须准备经历一场历练，或者专精一项知识，并且你会尊敬做过同样事情的前辈。怪杰显然对于年轻一辈的人很有一些感慨。怪杰认为，早年事业成功的重要因素之一就是“把工作做好”。尤其是那些父母是工薪阶层、从事农作或者技术工作的人，更坚信这一点。按照哈伯斯塔姆（David Halberstam）的说法，他们是“兼具思考及行动能力的人”[13]。

E*trade 公司的创办人比尔·波特在通用电气公司任职期间发明了许多专利，他也谈到“尽自己的义务”。在 2000 年秋季，他略带失望地谈论到年轻人希望利用电子商务追求财富的趋势：

> 今天的年轻人期待财富从天而降。而糟糕的是，他们虽然受到激励要做出一番事业来，但是成立这些电子商务组织的年轻人，总是认定钞票会滚滚而来。是这样的吗？超过一半的高中毕业生认为自己有朝一日会成为百万富翁。这绝对是不可能的。他们必须走出去，扎扎实实地工作，学到一些技能。然而生活对他们来说太容易了，我怀疑他们之中仍会出现领袖。我不认为这个世界会没有好的结果，不过，我在他们身上确实看不到我们那一代的工作伦理。

> 2001 年，与电子商务有关的股票大幅崩盘，波特反而比较乐观地表示："走出这段困境仍然充满自信，而且积极再度投入事业的年轻人，我觉得值得企业聘用。他们虽然经历严重的失败，但是他们还有东山再起的意愿，将来势必能脱颖而出。"

在接受我们的访谈的怪杰中，71 岁的纳森尼尔·琼斯，父亲是铁匠，母亲是家庭主妇；91 岁的约翰·伍登，父亲是农夫及老师，他们年轻时就认识到把工作做好能够带来强烈的自我满足感；72 岁的约翰·布莱德马斯，是纽约大学的名誉校长，曾经担任国会领袖，他记得父亲不断告诉他一句希腊古语："这是苏格拉底的话，'有价值的事物只来自辛苦工作'。约翰，如果你只能学会一句希腊文，这句就够了。"

以工作任务为核心，除了说明那时候成功的有形性和直接相关性之外，也加强了组织层级制度的正确合理性。78 岁的伊丽莎白·麦柯马克描述了她初到圣心修道院头几年的光景说："别人请你做什么，你就去做什么。无论是去教课，还是和孩子一起劳动，或者担任学校的校长……只要上级或者你认定是代表上帝声音的人，认为你做得不错或非常好，那么你就成功了。"

76 岁的记者艾德温·古斯曼记得自己在 25 岁时非常相信主编的判断，丝毫不怀疑。他在《西雅图时报》（*Seattle Times*）

时，主编拉塞尔·麦格拉斯（Russell McGrath）要他重新写一篇有关华盛顿大学教授被非美事务委员会认定为共产党员的报道，要求他的笔调更深入一些，找出更多细节。古斯曼立刻照办："我当成是在接受军事训练，他是指挥官，我必须遵守他的命令。"后来古斯曼的这篇报道赢得了普利策奖。

要判断下属的工作是否得力，上级对于工作至少要和实际从事这份工作的人了解得一样多，甚至更多。20 世纪 50 年代，管理阶层通常非常擅长他所督导的业务。因此，上级、资深同事或者老手的判断往往不是敷衍了事，而是确有其意义、有的放矢。年龄和经验的确有其价值。

以传统方式学习

怪杰在 25～30 岁时，凡是能够抓到窍门、向资深者看齐、遵守游戏规则，并表现出耐性的人，就能承担重要工作。大部分怪杰都很看重高等教育，有些人更认定大学和研究给他们提供了在知识、社会以及专业上的机会，这是家中其他成员欠缺的。乐于学习的习惯直接来自家族，尤其是通过书本作为通往其他世界的窗口。伍登觉得自己对语言的热爱要归功于早年父亲在印第安纳州自家农场的夜晚朗诵诗歌。美国众议院前多数党领袖约翰·布莱德马斯形容自己小时候坐拥书城的感觉：

> 在一个人口只有 700 人的小镇，我的祖父是退休

的历史教授，他建立了一个藏书高达7000本的图书馆。我简直就是住在图书馆里。我从小就接触到一些在学校里也看不到的书。

弗朗西丝·赫塞班想到祖母在她幼年教育上扮演的角色时，眼中不禁放出光芒：

她经常会念诗和读故事书给我听。她记得所有家族成员的故事，她谈起南北战争时仿佛那只是昨天的事情。她读书的学校在深山之中，只有一间教室，她父亲和祖父也上过这个学校。学校里黑板上有一句话，可能已经有50年的历史了……她希望我能背下来。

"如果你要遵循智慧之道，就得注意以下五件事：你在言语中提到的人、说话的对象、方式、时间及地点。"

我一辈子唯一犯错误的时刻，就是因为忘记了这个教导。我们随时要牢记"你在言语间提到的人，说话的对象、方式、时间及地点"。这是早期美国拓荒时期的智慧结晶，伟大的领导建议。

怪杰向来喜欢读书，他们的书架上堆满了经典的小说和非小说，一些足以代表西方文明的内容，也是巨著的大荟萃。怪杰常挂在嘴边上的话是："你最近在读什么书？"下面是他们选出的自己最喜欢的小说。

- 《移民》(*The Emigrants*), W. G. 塞巴尔德[㊀]著
- 《诱惑者日记》(*Diary of a Saducer*), 索伦・祈克果[㊁]著
- 《黑丘上》(*On the Black Hill*), 布鲁斯・查特文[㊂]著
- 格雷厄姆・格林和伊夫林・沃的小说
- 莎士比亚的所有作品
- 《白衣女人》(*Woman in White*), 威尔基・柯林斯著
- 《一个艺妓的回忆》(*Memories of a Geisha*), 亚瑟・高顿著
- 《哈克贝里・芬历险记》(*Huck leberry Finn*), 马克・吐温著
- 《隐形人》(*The Invisible Man*), 拉尔夫・埃利森著
- 查尔斯・狄更斯的小说
- 《安娜・卡列尼娜》(*Anna Karenina*), 列夫・托尔斯泰著
- 《战争与和平》(*War and Peace*), 列夫・托尔斯泰著
- 《恋情的终结》(*The End of the Affair*), 格雷厄姆・格林著
- 《愤怒的葡萄》(*The Grapes of Wrath*), 约翰・斯坦贝克著
- 《圣经》(*Holy Bible*)

㊀ W. G. 塞巴尔德(W. G. Sebald), 1944年生于德国, 因此他的生活和作品有着二战的阴影：大屠杀、欧洲帝国主义、环境的毁灭等。塞巴尔德生活在忧郁的阴影中, 文字中透着乡思, 有着“钟声般的庄严”。《移民》出版于1992年, 故事分三层叙述, 有犹太人的流浪故事, 有德国移民的辛酸, 有美国梦。《移民》介于小说和非小说之间, 其形式有音乐的质感。作者对犹太人生活经历的落差体会很深。评论以“大师的手笔”称之。——译者注

㊁ 索伦・祈克果(Soren Kierkegaard), 丹麦哲学家, 又译齐克果或克尔凯郭尔。——译者注

㊂ 布鲁斯・查特文(Bruce Chatwin), 1940—1989, 是一个传奇式的人物。生于英国, 曾是苏富比最年轻的董事之一, 后来辞去工作开始旅行, 自我放逐, 远走世界尽头。——译者注

● 《安琪拉的灰烬》(*Angela's Ashes*)，弗兰克·麦考特[⊖]著

也许老一辈的领导者一直受到经典作品的影响和熏陶，例如莎士比亚、托尔斯泰以及狄更斯，因此难免有些人对于现代的学习模式颇有微词。82 岁的建筑师、陶艺家、都市规划家保罗·索列里很怀疑互联网对儿童学习新事物的影响：

> 夸大互联网的潜力，就像浮光掠影的事物只会带来浅薄一样。以我个人的成长经验为例，我凡事慢半拍，而且非常单纯，和如今的年轻人相比，经历事情太少。不过，也许正是因为如此，我才有幸能抑制自尊，学习更多知识。我认为，当前世人已经爱上数据和信息，却欠缺按照按部就班的学习方式得来的知识，以及按部就班的成长过程。

怪杰虽然在受限的时代中长大，不代表他们满意或者完全不质疑所处的环境。许多人的感觉就像作家帕克（Dorothy Parker）所说的，“就像被困在一层又一层的陷阱之中”。但是怪杰仍然能够挣脱牢笼的束缚。75 岁的杰克·柯曼担任过大学校长、银行家、基金会总裁、清洁工、纽约市警察以及无家可归的游民，从追求工作、家庭和社会责任的平衡中，他找到了心灵平静，并且产生了一种回到避风港的感觉。

⊖ 弗兰克·麦考特（Frank McCourt），爱尔兰裔美国作家，凭借描写童年悲惨生活的处女作《安琪拉的灰烬》一炮而红，不仅荣获美国普利策奖，也创造了畅销书的奇迹。——译者注

事业与家庭

近年来，外界开始关注如何在事业和家庭之间取得平衡这个问题，尤其是美国劳工部长赵小兰（Elaine Chao）女士㊀上任后。[14] 但在受限的时代，这不是一个公开性很高的话题。当时讨论这个话题的场所是厨房及卧室，而非媒体或者立法机构的听证会。在我们访谈的这些极客中，有 90% 的母亲不是家庭主妇（见表 2-2），而怪杰的母亲则正好相反，接近 90% 的母亲是家庭主妇。因此只有极少数的怪杰是来自双薪家庭。在怪杰及其父母的心中只有一种两个人的事业：男性辛苦工作赚一份薪水，女性设法让他无后顾之忧，能逐步晋升。

表 2-2 怪杰和极客的访谈对照表

	怪 杰	极 客
年龄区间（岁）	70～93	21～34
平均年龄（岁）	77	28
出生年份（以平均年龄为准）	1924	1973
25～30 岁的时期	1945～1951	1991～2003
性别比（男 / 女）	88% / 12% ㊁	61% / 39%
父母离婚的百分比	8%	44%
兄弟姐妹的平均人数（人）	2.4	1.8

㊀ 赵小兰女士已于 2017 年宣誓就任美国第十八任交通部长。——编者注

㊁ 原书中误为 88% / 22%，经与作者联系，证实应改为 88% / 12%。——译者注

（续）

	怪　杰	极　客
父亲的职业		
高级经理 / 管理阶层	32%	6%
专业人士 / 技术人员	16%	44%
企业家 / 中小企业主	20%	11%
农民	12%	0%
服务业（白领）	0%	39%
制造业（蓝领）	20%	0%
母亲的职业		
高级经理 / 管理阶层	0	0
专业人士 / 技术人员	0	14%
企业家 / 中小企业主	0	21%
农民	0	0
服务业（白领）	13%	57%
制造业（蓝领）	0	0
在家工作	87%	7%
21～30 岁结婚的比例	80%	50%
结过婚的比例	92%	50%
拥有子女的比例	92%	39%
子女的平均年龄（岁）	45	4
第一个子女出生时的平均年龄（岁）	27	28

美国航空（American Airlines）公司的前董事长罗伯特·克伦道尔针对这个问题说：

在我工作的年月里，只希望能够达到某种设定的目标。因此我不在乎是否能够兼顾事业和家庭。我不

> 太驾船出海，也从不打高尔夫球，更不常休假，经营美国航空公司成为我生活中的唯一重心。我适得其所，也乐在其中……现在外界经常在谈平衡——“我的生活必须更平衡。我必须把时间分配给子女、工作和爱好。”这种态度其实很好，但是担心着平衡问题的人对于追求领导之道恐怕不会有太大的热情。

包括克伦道尔在内的许多怪杰从小就认定，婚姻生活中男主外、女主内的传统分工已经代表了平衡。他担任高级经理人员（或者领导及公众人物），代表另一半必须打理和支持他的事业。70 岁的雷根曾经担任纽约州的审计长，现在则是学院的校长。他觉得，拥有一个专门的事业势必会造成失衡，以他自己为例就是从政：“担任公职后，每周就有四个晚上必须外出，这是一种奉献。没有什么好说的。如果你想继续做好工作，和其他人保持接触，出席宴会，做一些该做的事情，那么公众生活和家庭生活往往是互相冲突的。”

回顾过去，部分怪杰会希望自己当初能够多注意兼顾事业和家庭，虽然 25～30 岁时未必能注意到平衡。有人回忆孩提时代一些美好时光时颇令人动容，但是他们又得继续前行。杰克·柯曼曾经担任哈弗福德学院校长、麻省理工学院教授以及费城储备银行总裁，他怀着强烈的反省，回忆说：“我这辈子最大的遗憾之一，就是未能参加最小的儿子在私立学校中的表演。哈弗福德学院离我儿子的学校只有 20 分钟的车程，但是我太忙，从来没有在台下看他的演出，我会为此抱憾终生。”

柯曼也承认，他在人生的另一个层面上未能保持平衡，他的婚姻失败让他做了一些他原本不会去做的事情："如果我还保持婚姻关系，恐怕无法从事一些我想做的事情。我可以根据理性判断随心所欲地做些事情，不必征求另一半的意见——'我能不能按照自己的想法，这次自己一个人去，并且消失上一阵子？'但是单身就有很大的自由，行李一提就可以出门。"

德鲁克基金会（Drucker Foundation）的首席执行官弗朗西丝·赫塞班在 1950 年时正扮演着传统女性的角色：她最优先、最重要的角色就是贤妻良母及社区志愿者。在出任全球最大的妇女团体——女童子军的负责人之前，赫塞班是这样来定义成功的："（成功是）让我的儿子能够成为健康、快乐的人，帮助我的丈夫在事业上有所成就，协助社区工作。30 岁时，我觉得自己的感觉到老都不会变。当时我以为自己变得成熟，却不知道其实幼稚得不得了。"

大部分怪杰认为，他们要花一生的时间才能做到平衡。换句话说，在事业起步和中段期间，他们的重心很少放到家庭中，而到了事业的末期，或者退休之后才开始关心家庭。不过，对大部分女性来说，次序正好相反。在完成传统母亲责任之后，才会开始追求自己的事业。

英雄领导者的时代

25～30 岁时的怪杰深受一些传奇式英雄人物的影响。在访谈中，他们提到了这些英雄：

- 小罗斯福总统
- 甘地
- 林肯总统
- 纳尔逊・曼德拉
- 肯尼迪总统
- 丘吉尔
- 格林斯潘
- 罗斯福夫人
- 特鲁多总理（Jean Pierre Trudeau），加拿大前总理
- 杜鲁门总统
- 马丁・路德・金
- 洛克菲勒
- 卡特总统
- 史蒂文森，20 世纪 50 年代美国政治人物
- 老子
- 梭罗，作家
- 贝克（Howard Baker），美国前国务卿
- 贝多芬
- 特蕾莎修女

在怪杰成长的时代中，许多组织处于困境或者遭到挑战，当时的情况需要英雄人物，所幸上苍也赐予了一些伟大的领导者。第二次世界大战期间以及战后的公开演讲和对儿童的教育都经常提及英雄领导者的概念。英雄和反派人物的形象被夸大，仿佛卡

通人物，这些被夸张后的代表人物之间的争战，也代表了国家和意识形态之间的冲突。英雄能够成为政治人物，政治人物也能变成英雄。

单位凝聚力、指挥系统以及纪律成为一般大众，尤其是怪杰都能接受的军事概念，是因为第二次世界大战证明这些概念有用吗？公司里的上级被看作部队里的军官：其他人必须听命行事，除了要遵守纪律之外，也因为我们希望军官能看重我们。迪·哈克是一位事业有成的商人，后来变成教育家和哲学家。他认为自己患了一种病，叫作“指挥瘾”，他说：“我经常告诉别人，我是一个指挥狂。我在这方面很在行。如果你找上 12 位企业首席执行官到酒馆，如果有一种酒叫作‘指挥酒’，我一个人就能喝光一整箱。”不过，并非所有怪杰都喜欢一个命令、一个动作这一套。哈克也只是在事业初期运用这种模式，后来也改弦更张。但是在受限的时代中，军事训练、大型企业、“大就是好”的观念根深蒂固，如果要选择一种最安全的领导风格的话，就该选择稍后道格拉斯·麦格雷戈（Douglas McGregor）⊖提出的所谓的 X 理论[15]。

⊖ 道格拉斯·麦格雷戈是麻省理工学院斯隆管理学院教授，1957 年提出了有关人性的两种截然不同的观点：X 理论和 Y 理论。X 理论是麦格雷戈对把人的工作动机视为获得经济报酬的“实利人”的人性假设理论的命名。主要观点是：人类本性懒惰，厌恶工作，尽可能逃避；绝大多数人没有雄心壮志，怕负责任，宁可被领导；多数人必须用强制办法乃至惩罚、威胁，使他们为达到组织目标而努力；激励只在生理和安全需要层次上起作用；绝大多数人只有极少的创造力。因此企业管理的唯一激励办法就是以经济报酬来激励生产，只要增加金钱奖励，便能取得更高的产量。所以，这种理论特别重视满足职工生理及安全的需要，同时也很重视惩罚，认为惩罚是最有效的管理工具。麦格雷戈是以批评的态度对待 X 理论的。——译者注在经济大萧条以及第二次世界大战之后，怪杰渴望着一份好工作，一个美满的家庭，一个无分裂之虞的祖国。他们挽起衣袖，进入大学或者返回工作岗位，带动了婴儿潮、离开都市潮、高速公路文化和美国梦。受限的时代是审慎乐观的年代，无论男女都受到激励，不但为前途打拼，也要遵守游戏规则、忠于公司和国家，因而他们认定忠心必有回报。这个时期的领导者，在成长时期有许多典范可以模仿，不过由于两次大战的经验和企业的纪律，倾向于孕育独立自主型的领导者。当然，在受限的时代里，性别和家庭角色的界限呆板、严格，男女不太有机会在同一个领域内扮演领导者。

接下来，我们看看极客，他们在1991～2000年成年，我们称其成长的时代为“选择的时代”：一个瞬息万变、媒体饱和的时代；提供无限的选择，但是缺乏明确的方向。

|第 3 章|

GEEKS & GEEZERS

极客：选择的时代

华纳是我们虚构的（但也是我们蛮熟悉的）一位怪杰，是某家制造业公司的 CEO，最近招聘了一位才华洋溢的 30 岁工商管理硕士。面试时，华纳看得出这位小兄弟精力旺盛、点子奇多，是个天生的领袖人才。但短短几个月后，双方关系就发生了变化。这位新人变得无精打采，老是早早离开办公室，华纳怀疑他可能在利用上班时间上网找其他工作。终于，这位新人夹着笔记本电脑，跳槽到了另外一家公司。当被问起什么地方出了毛病的时候，沮丧的华纳双手一摊摇头叹道："我真是搞不懂这些年轻人都在想些什么。"

在 20 世纪 90 年代中期及末期的网络热潮中，这类虚构的故事在不同的时空上演过千百次。身为怪杰或者准怪杰的高级管理人员，看着可造之才和明日之星竞相离开豪华、气派的公司总部，屈就新成立的电子商务公司，百思不得其解。大型企业的CEO大多选定了接班人，他们担心的是，未来接替这批接班人的领导人才正在出走，以后从哪里才能找到接班的领导人才？他们如果能够自立门户，对于进入大企业按部就班地循序晋升是否还有兴趣？我们把1991～2000年这段时间称为“选择的时代”。

选择的时代：1991～2000年

这段时间没有发生全球性的冲突，但却仍有像“沙漠风暴”这样名称奇特的小规模且只能在电视上看到的战役。年轻的美国人很少看到过真正的战斗，只能从晚间新闻里看到波斯尼亚及索马里万人坑的镜头。这期间全世界同时发生着几十场种族冲突及恐怖分子的袭击。联合国于1999年发表的报告让世人对“世界新秩序”有了一个概念：一年之内共有40个国家参与了25起边境武装冲突。中东及爱尔兰的冲突更是一波未平一波又起。

1950年，杜鲁门总统决定参加朝鲜战争，他被提出了“警察行动”这个在当时算是崭新的观念。但是这个观念和政策被一直用到20世纪的结束，美国分别介入了索马里、海地及波斯尼亚。对于一个不断以“国际警察”姿态出面处理各地冲突的超级大国来说，许多人相信，所谓的国家间外交政策已经不复存在。

世界舞台变得乌烟瘴气且起伏不定。苏联解体之后，产生了一些“衰落”的国家和一些“兴起”的国家。夹在这股庞大兴衰力量之间的是一些“危邦”：国家失序、政府贪污。最后，美国纵使是超级大国，海内外的恐怖主义活动也终于暴露出美国的脆弱。

政治变成娱乐事业

了解媒体的年轻人越来越觉得自己是“目标市场”，他们成为政见、软性饮料及游戏机的消费者。电视、摇滚乐、避孕措施、对暴力及性的开放态度等 20 世纪 60 年代的议题纷纷让路：公共电视台遭遇到 MTV 音乐台就立刻败下阵来；避孕药虽然自由，却比不上保险套更安全；反越战、肯特州立大学（Kent State）军警开枪伤人事件、嬉皮士的“自由之爱”（Free Love）运动等也臣服在好莱坞制造的暴力和性主题之下。借助无线移动电话和电子邮件的帮助，人类可以随时随地、自由自在地彼此沟通。

“水门事件”爆发近二十年后，美国人对于政治体制仍然抱持着怀疑的态度。各种投票率越来越低，大学校园似乎流行政治冷感。政治和娱乐事业的区分界线也越来越模糊，MTV 音乐台呼吁这个世代“撼动选票”，很可能当选总统的政治人物竟然戴着墨镜公开在电视上吹奏萨克斯管作秀。民意调查、支持度排行、游说团体的钞票足以左右政府决策。难怪美国年轻人对政治活动敬而远之。

但是政治活动却不请自来，政党恶斗导致政府停摆、克林顿总统遭到弹劾、2000 年总统大选结果迟迟无法揭晓。美国选民仍然无法摆脱这套政治体制，他们只能让现任总统因人格问题声望大跌，或只能质疑另一位总统的才智，但是他们仍然不放弃这套政治体制。

快速向前的经济

美国国内社会虽然动乱，大企业的实力却依旧和以往一样。电脑和通信科技一日千里，大企业也重新排名。半导体行业的摩尔定律（Moore's Law）改写了信息处理的原则，日益昌盛的全球万维网（WWW）带动了电子通信产业[1]。这两项发展标志着新市场、新竞争者以及新组织形态的到来。

即使新兴网络公司开始紧缩，风险投资家也开始重视网络公司的盈利能力，这个时代仍然充满着实验性质，如组织扁平化及弹性连接、生产线以小组为基本单位、以股票期权代替常规薪资以及电子商务的兴起。20 世纪 50 年代的“组织人”模式面临着四面八方的压力，濒临消失。取代它的是一种奇特的、可能不太稳定的组合：网络自由工作者、临时工、合同工、按件计酬的专家、有意创业的人士。企业一方面尽量压低运营成本，一方面要适应无穷无尽的市场及科技的变迁，组织及员工彼此忠诚的观念似乎被抛到脑后。苹果电脑公司等企业为员工提供学习的机会，也让员工享受开心的时光，但就是不提供终生事业[2]。年轻的员工进入企业后也学会了别指望与企业一起天长地久，他们预期自己进入中年之前可能会换至少九个以上的老板。

最重要的变化是企业的步调不断加快。在一场 2000 年举行的座谈会中，一位网络新贵被问到，如果他新聘一位担任企业 CEO 多年的老手为快速成长的公司掌舵，那么他会教这位 CEO

些什么？他笑着回答说："速度。"速度成为网络公司朗朗上口的口号，尤其是网站设计、顾客服务、接单及产品开发。竞争对手能够迅速模仿（或超越）你的动作，因此你必须得加快脚步。

这个时代的领导之道所围绕的主轴和 20 世纪 50 年代不同了。《时代》杂志标榜的"全方位英雄"已经不复存在。我们要求 30 岁以下的青年和少年明确指出英雄式领导楷模时，他们不是把父母搬出来，就是宣称英雄的概念已经落伍了，和 20 世纪 50 年代大相径庭。命令与控制的模式并未完全消失，但杰克·韦尔奇（Jack Welch）、阿里·德赫斯（Arie de Geus）[㊀]和哈克等老一辈的企业领袖，越来越以参与、接触及合作作为领导的核心机制。

在无数的可能性中窒息

这个时代和 20 世纪 50 年代初很像，经济虽然蓬勃发展，但并非人人都能享受到阳光雨露。不过，20 世纪 90 年代和 50 年代很不同的是，年轻人需要"面对无数的可能性"。20 世纪 50 年代长大的孩子在有限的选择中可能会患上"幽闭恐惧症"，20 世纪 90 年代的孩子在无尽的机会中却得了"广场恐惧症"[㊁]。

20 世纪 90 年代初期的报纸充斥着大学生轻松创业的故事，在比萨饼盒上随便写个商业计划，就有风险投资家捧着大把钞

㊀ 《长寿公司：商业"竞争风暴"中的生存方式》一书的作者，前壳牌石油公司的团体规划主任。——译者注

㊁ 广场恐惧症（agoraphobia），也译作旷野恐惧症，是指对公共场合的一种恐惧。——译者注

票让一些大学三年级的学生去成立网络公司创业。媒体也开始以前所未有的方式分析年轻人文化：他们是婴儿潮克星（Baby Buster）、都会懒惰虫（Slacker）、第13代（Thirteeners，指美国建国以来的第13代人）、少不更事的20来岁家伙（Twenty-nothings）、网站客、X世代、Y世代。文化模式明显受到少数族群的影响（如嘻哈音乐[⊖]、时装、学术及企业界的运动等），这些绝对是少数族群人口增加的结果。根据人口统计的数据，怪杰长大的时候，18岁以下的人口中约15%不是白人；但是到极客成长的时代，这个比率上升到33%。

X世代和Y世代成为区分世代的主要标志，前者是20世纪70年代出生的孩子，20世纪80年代中期以后出生的人被归入后者。两者的差别除了所处的环境之外，还有他们所表现的态度。1991年出品的电影《懒惰虫》（*Slackers*），让外界对X世代开始产生"懒惰"的印象，"车库摇滚乐"（grunge）盛行后更加深了这种印象。这部电影的主题是，这群人大学毕业后适逢经济不景气，只能在快餐店找到没有前景的工作。他们身穿法兰绒衬衫，流连在咖啡馆中，对企业文化及中产阶级的价值观不屑一顾。他们成长的时代是20世纪80年代末期，企业正处于再造或者缩编的浪潮中，许多人的父母遭到解雇，终身雇佣制度濒临瓦解。这些人的童年时期，被《大西洋月刊》（*Atlantic Monthly*）

⊖ 嘻哈音乐（hip-hop music），这是一种生活文化，源自20世纪70年代的美国大城市中的黑人区和拉丁美洲人区，无所事事的年轻人在街上即兴演唱发泄而逐渐演变成一种音乐风格。——译者注称为“美国历史上对养儿育女最反感的时代”，出现“钥匙儿童”（latchkey child）、“被遗弃的儿童”（throwaway child）、“自食后果的儿童”（boomerang child）等名词。[3]

反之，Y 世代诞生在经济繁荣的时期。薪酬更高，工作更有弹性，许多 Y 世代的父母变成“足球妈妈”（soccer moms）㊀或者“带孩子上班的爸爸”。时代潮流转变得越来越以孩子为重心，Y 世代成员也开始像青少年一样，有越来越多惊人的代名词。但是 X 世代和 Y 世代年龄只相差 5～10 岁，基本上不能算是两个世代，充其量只是长幼有别的兄弟手足。因此，两个“世代”之间的摩擦似乎只是兄弟之间的争执对立：第一个孩子出生之后，家境明显改善，第二个孩子在更富足的环境中成长。一位 X 世代的作家抱怨道：“我们的亲生兄弟已经抢走了聚光灯的焦点，这已足以让我去讥笑寻呼机而拥抱移动电话。”[4]

同时，美国各年龄段的妇女开始涌入劳动市场，通常是追随她们属于婴儿潮一代㊁母亲的脚步。部分来自劳工或中产阶级家庭的女性当然是为了补贴家用，但是许多妇女外出工作的目的与罗斯福夫人在 20 世纪 50 年代所高举的目标相同——自我实现。许多职业妇女的目的就是在经济上和男性平起平坐。最后，双薪家庭终于取代 20 世纪 50 年代男主外、女主内的核心家庭。

㊀ 许多母亲到周末就开车送孩子，特别是女孩，去足球场踢足球，自己在旁观看，充当拉拉队员。——译者注

㊁ 美国在第二次世界大战之后出生的那一代人，被称为“婴儿潮一代”。——译者注

离婚率及单亲家庭的比率大幅攀升，导致家庭类型多样化。美国民主、共和两党推动的政治舆论完全被“家庭价值”的光芒所掩盖，但是对 20 世纪 50 年代的怀旧往往与人口结构现实相互冲突。美国社会一方面需要核心家庭带来的稳定，但是单亲妈妈、同性恋父母、祖孙共组的家庭，以及得适应社会福利改革的家庭各有特殊需要，使得政治人物必须试着扮演居中协调的角色。人口普查的资料显示，美国核心家庭占所有家庭类型的比率降到约 25%，家中有低于 18 岁的子女的比率由 1960 年的 45% 降到 2000 年的 23.5%。[5]

美国教育也是危机重重，测验分数直线下滑；公立学校原本是郊区居民的骄傲以及美国民主的标志，如今已经渐渐失去人心。全国各地有条件的家庭都把小孩送到私立学校。教会学校也越来越受到欢迎，成为另一个选择，因为有些家长不放心公立学校，又负担不起私立的贵族学校。

不过，教会的重要性在这个时期也开始下降，唯心主义、新世代哲学及集体共居再度流行。参加教会的人数减少，研究佛教禅宗等思想的人增加。许多极客不愿投身宗教机构，宁愿自己在家中练瑜伽或打坐。《财富》杂志曾经报道，他们更“愿意谈到把信仰带到职场……不过，他们谈的不是‘宗教’及‘上帝’，而是‘灵性’和‘人生意义’”。[6]他们通过参与“唤起自觉”的活动，例如戴别针支持乳腺癌研究、参与“反饥饿游行”，或者像是“援助农民”（Farm Aid）、国际特赦组织（Amnesty international）等慈善性质的活动，来寻找人生的意义。

25～30 岁时的极客

我们访问的这些 35 岁以下的极客，他们在 1991～2000 年时在想什么？选择的时代对他们的个人及领导者的身份有何冲击？图 3-1 说明访谈时这些不到 35 岁的领导者关心的话题，也透露出他们对时代背景如何影响个人生活的这个问题的看法。

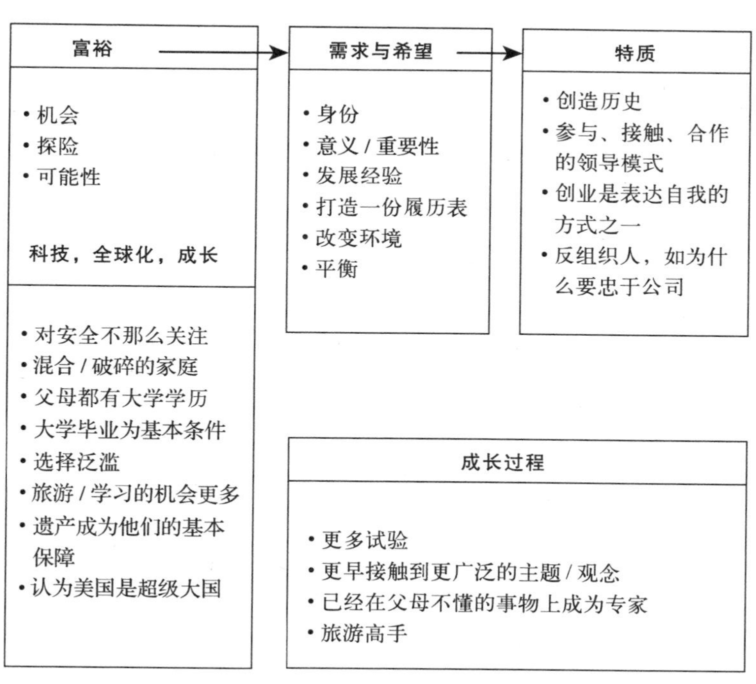

图 3-1 极客接受访谈时提及的主题

创造历史

我们发现，以同一年龄时点来说，极客比怪杰的理想更为远大，也更急于实现他们的志向。从他们对成功的定义可以看出两代人的差异。与音响器材制造商哈曼国际公司董事长哈曼所说的成功，“如果有人愿意以年薪 5000 美元要我签下终身的合约，那就是成功”对比，24 岁的布莱安科技公司（Brain Technologies Corporation）共同创办人及首席技术官的哈兰·休就有不同的看法。他 6 岁开始接触电脑程序。他说：“我一直知道自己想创办软件公司。我也知道，我真的想试着改变这个世界。这个想法部分来自自己……部分则是我家的文化使然。”

现年 32 岁的柯普，创办了“为美国而教”组织。让我们听听她怎么说——“我真的希望做点改变世界的事情。我知道这种想法有点异想天开，但我还是学生时就不断告诉自己，‘我要累积自己的技能，然后运用到真正有用的事物上，能够真正让世界更美好’。”

邵凌云也有类似的说法，她被《魅力》（*Glamour*）杂志选为 2000 年最值得关注的 10 位年轻女性之一。她在美国陆军担任士官，也是一个训练有素的护士，并在 23 岁时开始研究核能工程，她以为是这些成就让她获得《魅力》杂志的青睐。不过，当她遇到其他九位杰出女性时才发现，许多和她同龄的女性也和她一样拥有伟大的抱负。

> 我起初以为，大家一定会彼此炫耀以往的经历。可是大家相处得很愉快，因为十个人都想改变现状，都想改变这个世界，让它能够更美好，她们不管别人怎么说，都想改变世界，能够遇见志同道合的人的确非常振奋人心。

少数网络新贵铺张摆阔，引起外界不良观感，但是接受我们访谈的极客，对自己所处的社区却有强烈的责任感。在大导演奥利弗·斯通（Oliver Stone）1987 年拍摄的电影《华尔街》（***Wall Street***）中，由迈克尔·道格拉斯（Michael Douglas）饰演的主角贪得无厌、心狠手辣，我们在 20 世纪 90 年代并没有看到他的翻版。个人拥有的财富也代表着他所身负的一种社会义务。例如，邵凌云谈到先在商场上建立个人的经济安全感，然后要成立一家医疗机构，为印第安等土著居民提供高水平的医疗保健服务。30 岁的辛·扬与人合作创办美国大学线上申请网站 Embark.com，当业务稳定之后，他想成为教育家，甚至担任高中老师。他告诉我们：

> 我认为，一个人对社会、民众及世界最大的影响就是，先在这个事业上非常成功，下一个事业也很成功，然后担任其他企业的顾问……5～10 年之后，如果我功成名就，就会转换为顾问的角色，并且从事慈善工作。回馈社区乡里，不单只是出钱，也要出力。

布莱恩·莫里斯，一位非裔美国财务顾问，觉得他们自己的目标不只是从事慈善工作，或者投入一段时间的精力及关注，而是长期介入，持续地改造他们所关心的社区。莫里斯提及如何回馈自己的乡里时说："我觉得要建立一个实体，我们非裔美国人社区不但属于我们大家，而且应该由我们自己来建立。梅里尔（Charles Merrill）在 19 世纪末期成立美林（Merrill Lynch）公司时，他一心一意想建立一个永续经营的事业，我也想做同样的事。"

乍看之下，“改变全世界”及“让世界变得更美好”似乎是任何一个时代年少轻狂者都可能发出的豪言壮语，但是看见这些人少年有成，的确令人佩服。本书的18位极客中，有14位在30岁之前就成立了资本额几百万美元的公司。其中有1/3以上的成就在全美范围内得到肯定。还有3位极客所创办的组织在全美各地受到广泛效仿。

创造财富

“改变全世界”的抱负，也要配合“创造财富”的物质基础。33岁的威尔克是亚马逊网上书店的高级副总裁，他辞去在一家传统的制造业公司的高级管理职务，跳槽到亚马逊的原因是：“我既要创造财富，也要开创历史。”29岁的网络公司CEO迈克尔·克莱恩则是以发财为优先课题，他说：“我个人拥有价值2000万美元的不动产，我觉得自己很了不起。媒体追逐我，而且我上过差不多所有你想得到的电视节目。我在19岁就拥有一辆保时捷和一辆宝马轿车，以及一幢海滨别墅。”

20世纪60年代长大的那一代，不太以追求个人财富为目标。极客却觉得发财是很正常的人生目标。现年30岁的莫里斯，离开大型证券经纪公司并且在非裔美国人社区成立投资公司。他说得很好：

> 拥有个人财富很重要……有人说，“金钱是万恶的根源”。不，它不是。“贪财才是万恶的根源。”因此，创造个人财富没有什么不对。如果在伦理及道德上都

行得正，也以正当的方式传给下一代，你就能创造我所谓的遗爱人间。

怪杰和极客之间的抱负和自我形象南辕北辙。极客缺乏耐性是显而易见的，一上马立刻希望能够仰首狂奔，而不会等遛几圈慢慢适应马鞍之后再说。

毫无疑问，父母在塑造极客的自我形象上也扮演了极其重要的角色，不过，电视上的角色也不容忽视。极客看的电视节目不只是儿童节目或者卡通，而是许多青少年或年轻人主演的节目，内容包括化解灾难、援救陷入困境的动物、模仿航空航天局登陆月球、在国会作证或者在邻里附近清洁垃圾以拯救地球。他们是第一批教室里有电脑的孩子。他们学到了微软公司创办人比尔·盖茨等电脑奇才如何在乳臭未干时就赚到大笔钞票，也看到了史蒂夫·乔布斯（Steve Jobs）和史蒂夫·沃兹尼亚克（Steve Wozniak）如何把车库里的兴趣爱好发展成为苹果电脑公司。

少年得志或许不会改变人生的本质，只能提前抵达一些目标。许多极客坦承他们承受的压力，也体会到自己对同一世代的人造成的伤害。克莱恩 29 岁时，经营事业的经验已经超过许多年龄大他一倍的高层经理人员，但是他并不避讳谈到自己年少有成对身边人士的冲击：

我经常看到有人在这一行里失败……做不下去。就像撞到墙壁一样，无以为继。他们聪明、能干、有才华，换到任何一个环境都会成为其他公司的明星。

我不知道怎么才能改变这种状况，因为这似乎已经形成一种文化及势头，目前没有他种方法。不过，这也不会维持很久。

许多可能的事业

极客遇到不同的工作场合都能开展许多可能的事业，也能看到许多不同类型的人际关系和家庭关系。他们多样的面貌更像“模拟生命”（SimLife）这款电脑游戏，而不像是以往“游戏人生”那种纸上游戏。在“模拟生命”电脑游戏中，玩家的角色比较不固定，也可随时改变。只有通过不断地试验才能了解游戏的主要情节，万一玩家不喜欢，也比较容易重新来过。[7] 例如，男女可以拥有自己的事业，这些事业可能是互补的，也可能相互冲突。夫妻对待事业可以像接力赛中的前后交接棒一样，互相帮助。大家不再一定先成家后立业；也可以先生子后结婚；或者不婚生子，或者没有永久的伴侣也可以传宗接代。事业可能是包含各种不同工作的职场之旅，而非在一个领域或一个组织内循序渐进。上班族不再一定领退休金，而可能是集合几种来源不同的小额退休金来组成自己的退休计划。社会福利制度也许不存在，纵使存在，保障也不大。因为退休计划可能会取代社会福利制度，尤其是极客如果能活得久的话，75 岁之后在经济、社会及体能上将仍然活跃。

许多极客都记得小时候受到鼓励——“心里想做什么，就一定会实现。”同理，极客也会想“尽可能过不同形式的生活”。

美国实施《1972 年教育法修正案》第 9 款之后，女性在受教育方面更为平等。“尽可能过不同形式的生活”也反映在经济保障——家族遗产上，这是大部分怪杰所欠缺的。这并不是说极客对遗产朝思暮想，但是许多接受访谈的年轻人的确会期待父母的遗产，可以在必要时解决燃眉之急。极客评价成功的方式是挑战、责任及创造历史的机会。工作则是自我表达的一种方式。创业更成了一门艺术。夫妻两人如果都拥有事业，配偶势必能够支持对方在事业上的试验或冒险。因此，极客预期一生会经历九种不同的事业，也就不足为奇了。

速度

对大部分极客来说，所属时代的核心特质之一就是速度，它甚至是唯一的核心特质。亚马逊网络书店的杰夫·威尔克说了一段话，形容在 20 世纪 90 年代工作及生活的意义，让许多同时代的人心有戚戚：

> 你突然陷入这个快速转型的时代。我是说，这个时代是活生生的，也是有形的。你每天都感觉得到，又有机会能够开创一个新市场，在旧市场的成员转向新市场之际，市场结构又可以重新洗牌了……公司在几个月内就可以转型，不像比较老牌的公司恐怕需要几年的时间。而公司在重新再造的同时，代表这家公司相关的人员也必须自我再造。

在快速且经常是跳跃式的变化之下，极客渴望获得经验，但是他们也知道，不能依照怪杰保罗·索列里所谓的“以按部就班的学习方式得来的知识”。我们一再听到年轻人迫切希望“2 年内取得 20 年的经验”；他们也提醒那些认为他们乳臭未干的、许多号称拥有 20 年经验的人，其实只拥有一年经验，只不过重复了 20 年。模拟，尤其是复杂的电脑模型，让世人可以模拟及测试未来的预估状况，相对于电脑发明前的纸笔运算，速度既快，成本又低。在模拟的协助下，案例研究如今已经成为商学院教育的基础。

“那么，吉姆，你如何看待10分钟之后的自己？”

最受推崇的经验还是“实地操作学到的教训”。创业就像远足、泛舟、骑山地自行车及滑雪一样，成为年轻人的消遣，让他们相信自己无所不能，了解到自己活在无前例可循的世界。如果现在处于一个全新的世界，为什么还要学习旧观念，遵循旧的学习方式？因此，比尔・盖茨及 Earthlink 创办人斯凯・戴顿，都是在网络热潮之际辍学开创事业，成为以崭新方式取得经验的代表人物。

极客取得经验的方式和怪杰截然不同。哈曼国际公司 83 岁的董事长哈曼接受访谈时，指出领导者必须培养两项关键能力——阅读和写作：“我最喜欢的两段文献之一是托马斯所写的‘我阅读自己心里的空白处’。就是这样。你今天写下一些话，明天看到前晚自己写的这些话，不禁对自己说，‘真该死，我都不知道自己懂这个。’”我们如何让自己的心灵电池重新充电？前一章说明怪杰从文学中得到的帮助和启发。表 3-1 对比了两种领导者的阅读习惯。

表 3-1 钟爱的小说作品

怪　杰	极　客
•《移民》，W. G. 塞巴尔德著 •《诱惑者日记》，索伦・祈克果著 •《黑丘上》，布鲁斯・查特文著 • 格雷厄姆・格林及伊夫林・沃的小说 • 莎士比亚的所有作品 •《白衣女人》，威尔基・柯林斯著 •《一个艺妓的回忆》，阿瑟・高顿著 •《哈克贝里・芬历险记》，马克・吐温著 •《隐形人》，拉尔夫・埃利森著	•《第五神圣之事》（*The Fifth Sacred Thing*），史塔霍克（Starhawk）著① • 汤姆・克兰西（Tom Clancy）的小说② •《瓦特西普高原》（*Watership Down*），理查德・亚当斯（Richard Adams）著 •《麦田里的守望者》，塞林格（J. D. Salinger）著 •《源泉》（*The Fountainhead*），艾因・兰德（Ayn Rand）著

（续）

怪 杰	极 客
• 查尔斯 · 狄更斯的小说 •《安娜 · 卡列尼娜》，列夫 · 托尔斯泰著 •《战争与和平》，列夫 · 托尔斯泰著 •《恋情的终结》，格雷厄姆 · 格林著 •《愤怒的葡萄》，约翰 · 斯坦贝克著 •《圣经》 •《安琪拉的灰烬》，弗兰克 · 麦考特著	•《地球颤栗》（*Atlas Shrugged*），艾因 · 兰德（Ayn Rand）著③ •《爱心树》（*The Giving Tree*），谢尔 · 希尔弗斯坦（Shel Silverstein）著 • 詹姆斯 · 米契纳（James Michener）的小说 •《傻瓜威尔逊》（*Pudd'nhead Wilson*），马克 · 吐温著 •《丧钟为谁而鸣》，海明威（Ernest Hemingway）著

① 1993 年出版，神秘主义、灵异作品。

② 美国著名畅销小说作家，从《猎杀红十月号》开始，他的小说多被改编为为电影。

③ 艾因 · 兰德（Ayn Rand），1905—1982，主张自私有理、阐释发财无罪的哲学家、小说家。兰德的哲学是“人为自己而活”“人的最高标准在追求理性的自利”。兰德主张理智、自我、个人主义，极力推崇“自由放任”。

起初我们感到很惊讶，在怪杰喜欢的阅读物中，文学作品的比重偏高。后来我们又发现，极客的读物和许多积极进取的经理人和高层经理人员一样，甚至和许多怪杰一样，如产业及贸易杂志、财经报纸、网上电子杂志以及成百上千封电子邮件。他们也“阅读”互联网。不过，在进一步探讨之前，必须先说清楚两件事。第一，学院及大学在 20 世纪 80 年代末期展开课程改革，缩小了以往以欧洲模式为重心的课程设计，因此，大学生不需要阅读许多西方文明和文学的经典作品。第二，在数字化、视觉为重的时代，大家并不是不再读书，只是改以浏览的方式。几位极客承认喜欢看电影，但大部分不是。大部分人抱怨道，在对工作、家庭及社区尽到自己的义务之后，所剩的时间就已经太少了。

怪杰如果想研究一个观念，或者找一些可供自己学习的专家，通常会去图书馆，也许穿过许多布满灰尘的书架，也没有找到需要的资料。对许多极客来说，只要敲几下键盘，就有一些专家可供请教。24 岁的克拉克创办自由网络公司，他阐述了网络对他人生的影响：

> 我觉得自己是被互联网教育长大的。我上大学后才开始上网，整个人埋在网络里。有人认为，"极客就是不懂得和人交际，只好埋头在电脑里。"我不赞同这种说法，反而觉得自己是向网络学习。你在网络上看到感兴趣的东西，也许是一份学术报告，你就可以立刻发一封电子邮件给那位作者，几个小时后就能得到回应。你在网络上几分钟内就可以找到几乎所有问题的答案，只要你能正确无误地说明自己的问题。千百万人不管所处何地，都能够彼此合作。我觉得，互联网就像一所超级大学。

极客也许不是很喜欢读书，尤其不喜欢读经典名著，但是他们喜欢动脑筋。他们的知识养分并非源于经典名著，而是来自知识上的联结或者被动、间接的反省。知识上的联结包括积极与特定的人士共同讨论及辩论，成员通常包括大学或者同属一个工商管理硕士项目的同学，而且每年或每半年定期一次，交换笔记、讨论共同的问题，以及回应外来的讲师。

麻省理工学院制造业领导者（LFM）项目的校友网络就属于这个类型的知识联结，成员包括威尔克、伊丽莎白·高及阿尔特曼。也有一些比较不正式的网络联结。被动、间接的反省则是指在一段专门的时间里，思考长期以来困扰自身的问题。有一半的极客提到，他们在滑雪、冲浪、登山或露营时会想出一些绝妙的点子。有时候是在独处时，但大多数是在休闲度假的时候。

为什么要忠诚

极客是从实验或测试选项的角度来看待经验的，把生活看成从盖璞（Gap）[⊖]买来的衣服，不适合就换。他们不是骑士，也不会装出一副关心世界的模样，他们纯粹抱持着过客的心态，正因为有这种人，世界才会不断改变。此外，过客未必就是业余，也不见得一定不会付出。毕竟这在当前的世界是可以理解的，尤其是商界，忠于雇主既不是必要条件，也未必一定会获得奖励。接受我们访谈的许多年轻人是在 20 世纪 80 年代度过他们的青少年时期，他们看到自己和朋友的父母因为“企业再造”而失去了曾投入 20 年以上的工作。管理学家在赞扬日本的终身雇佣制的同时，怀特在《组织人》一书中描述公司和员工之间推心置腹的互惠机制在 20 世纪 80 年代土崩瓦解。20 世纪 90 年代，在经

⊖ 美国的一个连锁大百货公司。——译者注

济快步成长，劳动力市场日趋紧俏之际，企业越来越缺乏专业人士，因此忠诚对企业主来说更显得重要。

摩托罗拉公司的伊丽莎白·阿尔特曼年仅 34 岁。她认为，保持平衡是创意和创新的必要元素：

我一面忙着写硕士论文，一面又要结束所有的课程，同时还要参加企业招聘面试。我打电话给一位大我 10 岁的朋友，告诉她自己的情况，她说："你最近有没有去滑雪？"我听了之后有点生气。我回答她说："滑雪？你听懂我的话了吗？你到底有没有在听我说话？我论文的第二章都还没有写完，而且还有 10 个面试，这些人已经让我够烦了，还有一些课程要上，你显然没有在听我说话。"结果，她很平静地说了一句话："阿尔特曼，你这么做是永远做不好的。"我觉得她很烦，就挂上电话。

后来，我想了一想，决定周末去滑雪……说来也许有点老套，但是我滑雪的时候想出来了论文上的一个重要问题。在滑下山腰时，我不禁停下来骂自己，"你这个笨蛋，为什么早不这么想？"

29 岁的克莱恩是电子集团的前任 CEO，他曾想在信息技术公司激发员工的忠诚，结果遇到前所未有的挑战：

我面对的最大挑战是，公司没有任何实体物资——没有资产，没有大楼，没有专属的制造程序，也没有可以用双手抓得住的东西。偏偏公司里有一些喜怒无常的人，每天晚上走出公司时，脑袋里带着你所拥有的所有东西。要说服他们这家公司是他们可以安身立业的地方，对我来说是件很奇妙的事。以通用汽车公司为例，纵使许多员工离职，公司还是拥有一座制造工厂。员工罢工，公司还是拥有这些资产。如果我们公司一些重要人才离开，公司将一无所有。因此，和这些绝顶聪明又深知自己分量的人打交道，你必须同时扮演心理学家、合伙人及教练的角色。

以下的例子只存在于信息时代的企业中。我们的员工开始抱怨，公司举办的宴会不够多，公司未能创造一个欢乐的环境。我们的年纪和员工差不多，我分别从 20 个不同的消息来源得知员工的感受。我不禁问道："什么时候公司得负责创造欢乐的环境……"我是说，举办公司野餐可以接受，然而现在是要整个企业负担内部员工的社交生活。我们昨天才花了 4 万美元举办活动，有人攀岩、有人穿着相扑的服装，请了乐团，等等，居然还有人说，"这个很好，算是走出了第一步。不过其他公司更是如此，毕竟员工投入整个生命在公司，公司的责任之一就是帮助员工创造社交生活。"这实在很奇怪。

26 岁的康宁汉创办了一个巧克力网站，他记得一个颇具影响力的大学讲师提出的忠告：

他对我们说，“个人必须了解，企业不可能有系统地奖励忠诚。企业如果陷入困境，基于各种数字和理由，公司的决策可能会让员工认为劳资之间的忠诚和信任荡然无存。个人在规划职业生涯时，得牢记这条。我的结论是，个人必须在企业内对其他个人效忠，但是对企业整体效忠可能是个单行道。”

过去 75 年来，人类的平均寿命增加了 25%；在科技日新月异和全球化过程中，竞争优势都只能维持很短一段时间；公司和员工彼此间的忠诚似乎成了历史小说，事业变成不断适应的过程。一个人不只拥有自己的生活，而是许多人可能的生活。不是只有一个自我，而是许多可能的自我。不是历史的俘虏，而是历史的创造者。不是“等一下”，而是当下。

精明和讨厌世界

除了通过电视观察世界之外，接受访问的极客比同一年龄时的怪杰更了解世界。其他世代怎么可能实时看到战争爆发？有线电视新闻网（CNN）24 小时通过网站和有线电视频道，实地报道战场活动、精灵炸弹前挂摄影机拍摄的影像、敌军遭到导弹攻击后在现场实况发表的评论。总之，CNN 以身临其境的方式报道沙漠风暴，绝对不是老牌主播克朗凯特可能想象的。20 世纪 50 年代到北美以外地区度假的家庭数目不多，除了成本之外，也是因为经历过全球大探险的长期迁徙后，大家都想留在家乡。

但是对于接受我们访问的极客，小时候出国旅游不算稀奇。不仅出国成本下降，拥有特殊的经历才能让朋友印象深刻的标签也开始出现。有位朋友在一家不错的私立大学招生委员会任职，他说："十年前，学生如果去过欧洲旅游，或者到阿拉斯加州登山，就可以在大学申请书中拿出来夸口。如今申请的学生提到的是在非洲扎伊尔的艾滋病诊所工作，为南美洲秘鲁流离失所的农民搭建房舍，或者是在热带雨林中担任向导。"

虽然抱负远大、成就不小，但是不确定因素偶尔还是会遮掩无限机会的乐观情绪：如果我能随心所欲从事任何工作，我为什么一定要做呢？[8] 29 岁的风险投资商沙利文就非常了解，为什么有些同年龄的人不愿追求一些传统事业，甚至他们宁愿屈就在郊区购物中心的快餐店上班。大学毕业后，沙利文做了一份他既不渴望，也不欣赏的工作：

> 对我来说，这只是为了有份工作……父母就不会再唠叨我没有工作。不过，我并没有全心投入……我花了七八个月的时间找出这份工作不适合我的理由……而又过了两个月后我终于决定辞职而不是把这份工作继续做下去。

另外一位 30 岁出头的极客最近在《纽约时报》的专栏写道："我常发誓，绝对不要重复父母所过的日子——在郊区买幢房子，养三个整天大吵大闹的小孩，每天晚上 6 点准时开饭——但是现在我觉得如此也未必不好。他们面对的可能性虽然不多，不像我们这一代，但这反而是一种幸福。"[9]

“你怎么能说‘这幅画真够烂的’呢？要这么说，‘这幅画看来不是画给我看的’。”

资料来源：《纽约客》杂志选自 cartoonbank.com，保留所有版权。

就像一位心思复杂的孩子到了一家非常大的糖果店，面对无数的选择，等于毫无选择。我们非正式地调查了一群二十来岁的人，问他们哪部电影最能说明在 20 世纪 80 年代至 90 年代成长的过程。排行第一名的是布勒（Ferris Bueller）的《翘课天才》（*Day Off*），内容是一位青少年旷课一天、欺骗父母和师长的过程，其中还有一些精心准备的恶作剧，最后还能全身而退。[10]

平衡的生活

生活中平衡的重要性是最能区别极客和怪杰的问题和态度。

接受访谈的极客都提到平衡，福特汽车公司34岁的产品行销经理伊丽莎白·高对此最为在意。在新任经理会议上，伊丽莎白·高询问当时的首席执行官奈塞（Jacques Nasser），公司会如何帮助他们兼顾事业与生活：

> 他立刻反问我们："我不知道。你们觉得呢？"基本上他兼顾事业与生活的方式可能和我们不同，但毕竟是他个人的选择。我们需要很大的勇气才能公开说出，"不，我无法接受这种情况。已经连续上班七周，没有休息。希望请假一天庆祝太太的生日，老板居然说不行。这是无法接受的。"需要很大的勇气才能向组织的最高领导人说不，尤其是说："我不想和你一样长时间工作。"而对方的反应通常是，"如果你希望成为领导者，就别想兼顾事业与家庭。"我觉得，我这一代人就是要兼顾，否则根本不想从事这个工作，因为我不能接受上一代的成功模式。

康宁汉说，平衡意味着一个人既是一个成功的个体，也是一位成功的生意人：

> 我认为成功可以体现在两个领域——个人生活及职业生活。我觉得很多人会把生活一分为二。但对我来说，目前最重要的就是我的个人生活。我非常小心，不让职业生活中的成功目标妨碍到私人领域。所以我才会扪心自问，我和家人是否亲密？我和妻子的关系是否稳固？我是否常和朋友联络？我是否定期从事社

区服务？这些才是我觉得真正重要的事情。

许多接受访谈的极客都和伊丽莎白·高及康宁汉有同感，也有不少的人为了追求名利等梦想，长时间工作不休息，尤其是硅谷的科技人。即使是那些生活上失衡的人也承认保持平衡的重要。例如，27 岁的查克迪安为了解决工作和个人生活的失衡，反而遇到另一个矛盾：

> 很奇怪，最近我开始觉悟，“我必须兼顾生活不同的层面，”我去做了一些一直想做的事情。买了一辆摩托车，考取了驾照，接受马拉松的训练……最近又开始和一位我蛮喜欢的人约会，我以前很少如此。我告诉自己，“这次一定要成功，要找一些时间过日子。”最后只好牺牲睡眠。现在从每天睡 6 个小时变成只睡 4 个小时。

为什么这么在意这个议题？如果平衡那么重要，我们该如何才能做到平衡呢？要回答这个问题，读者必须先了解：接受访问的极客是在女权运动的高峰期长大的，女性开始深入男性庞大的劳动力市场。相比之下，怪杰的母亲很少外出工作，但几乎所有极客的母亲都是职业女性。极客来自双薪家庭，而且 3/4 的职业妈妈都是白领阶层，从事专业工作。因此大部分男性已经预期未来的配偶也拥有自身的事业。[11] 此外，接近一半的极客在高中时，父母已经离异。

在选择的时代，平衡的问题变得非常流行，原因有三。

第一，管理阶层的女性比率越来越高，企业必须重新思考事业的传统定义，工作和工作以外的目标（如家庭）所分配到的时间必须重新取得平衡。老实说，平衡不只是女性的问题，越来越多的男性也觉得，自己应该在子女青少年时期多了解他们。不过，家庭内的分工还未完全平衡，养育子女基本上仍然是妇女的责任。因此，企业在处理平衡问题上，等于在处理女性管理人员增加的问题。

第二，在数字经济下工作负担重，极客必须设法舒解压力。从某种程度上来说，极度的工作往往会迫使他们极度地运动。不过，纵使报酬最高，一天 24 小时、一周 7 天地工作也得付出代价。越来越多的经理人得到的回应是，员工希望除了工作还有其他私人生活。即使是在“工作就是生活”的硅谷，组织心理学家和人力资源主管也敦促高薪人才找些工作以外的兴趣，才能常保工作的新鲜感。“平衡”其实就是“过日子”。

第三，20 世纪 90 年代末期，专业和技术人力市场异常紧俏，企业开始“追逐人才”，不得不使自身更有吸引力。即使是在不景气的时候，关键人才还是供不应求，雇主发现能够吸引极客的待遇必须包括在职学习的机会、定期和配偶及家人一起赴外地工作，在事业规划上也要考虑到员工和幼年子女的相处时间。

总之，要兼顾工作和生活，一定就得平衡时间、应完成的任务、权威和在事业上的晋升。所有已婚、有子女的男性都希望工作之余有时间陪伴家人。杰夫·威尔克和斯凯·戴顿特别强调成为子女生命中一部分的重要性。威尔克说，他每天晚上 7～9 点一定要在家陪伴家人。柯普谈到她带领一个迅速成长的非营利组织，同时又得扮演为人妻母角色的秘诀：

> 我在周一到周五忙死自己，这样到了周末才能完全抛开工作。儿子出生前的我，经常每周工作7天。现在我把时间分配得不错……我觉得对“为美国而教”组织付出了足够的心力，对家人也一样。

柯普就像是年轻一些的雪莉·蒂尔曼（Shirley Tilghman），雪莉·蒂尔曼今年54岁，最近被提名为普林斯顿大学校长。她身兼教授、实验室负责人和单亲妈妈的责任。有人问她如何同时善尽这些责任，她说：“大脑区隔。我在工作的时候，只想到工作，绝对不管子女，也不觉得有罪恶感。当我离开学校时，就打开当妈妈的开关，而不觉得内疚。”[12]

但平衡不只是时间分配和开启“妈妈开关”，它需要不同的管理方式。例如，有人问伊丽莎白·高，汽车行业的管理人员通常每天工作14个小时，你是如何留时间给自己的呢？她的回答是：授权及分担责任，同事则直接对她负责——

> 如果你的领导风格是事必躬亲，每个决策都必定得亲自参与，很容易就会失去平衡。我的作风不是如此。我每天只有24个小时，因此必须授权给其他人，我必须信任我的团队会依照彼此的共识做好工作：“你做好分内事情，你统一承担这部分工作，就全部交给你了。我们仍然是一起共事。但是我相信你会做好你的部分。”

29 岁的布莱恩·沙利文成立滚橡企业创投基金，他非常欣赏其基金所投资的某家公司 CEO 的工作习惯：

> 他每天 5 点一定准时下班，绝不多留一分钟。早上大约 6 点 30 分进入公司，他说："你要我多早上班都可以。我们许多经销商都在美国东岸，早上 6 点上班也无妨，但是我一定要在 5 点以前下班，因为我每天得和孩子相处两个小时。"就是因为他愿意为了子女付出，我们才投资这家公司。

综上所述，极客非常重视平衡，但恐怕得经过一段时间，才能了解他们的坚持是否改变了美国企业的文化和习惯。接受访问的极客中，有半数还没有结婚，而且结婚的极客也未必都有子女。这点和他们同龄人差不多：拥有第一个子女的平均年龄是 28 岁，极客的年龄正在接近这个数字。除了少数例外，纵使没有结婚、没有小孩的极客也希望在工作和其他生活之间保持平衡。

英雄式领导的时代结束

上一章曾经说明，英雄对怪杰的养成与塑造影响深远。反之，在极客的心目中并没有明显的英雄人物。他们虽然接触许多商场、体坛及娱乐界的名人，但是被极客视为英雄的人，多半是父母或者关系亲密的朋友及同事。我们请怪杰和极客列举他们心目中的英雄（见表 3-2）。

表 3-2　怪杰和极客心目中的英雄

怪　杰	极　客
• 富兰克林 · 罗斯福	• 父母
• 甘地	• 朋友或同事
• 林肯	• 祖父
• 曼德拉	• 作家亨特 · 汤姆森（Hunter Thompson）
• 肯尼迪	• 歌手加西亚（Jerry Garcia）
• 丘吉尔	• 棒球名人克莱门特（Roberto Clemente）
• 格林斯潘	• 无，或者觉得不相干
• 埃丽诺 · 罗斯福	
• 特鲁多（加拿大总理）	
• 杜鲁门	
• 马丁 · 路德 · 金博士	
• 尼尔逊 · 洛克菲勒	
• 卡特总统	
• 阿德莱 · 史蒂文森	
• 老子	
• 梭罗	
• 贝克	
• 贝多芬	
• 特蕾莎修女	

极客的英雄榜多半是父母，有位极客选了“死之华乐团”（Grateful Dead）的歌手加西亚（Jerry Garcia）。根据真正英雄网站（YourTrueHero.org）的调查，近四成的年轻人也把家庭成员视为自己的英雄。[13]

两代领导者心目中的英雄差异如此之大，意义何在？两代领导者对领导动机的定义又有何意义？

极客成长在一个相对安定的环境中。这并不是说社会及政治机构的表现杰出或良善，而是在极客长大成人的阶段，美国国内外都没有足以撼动关键机构的挑战。苏联的解体、美国经济在全球的独霸地位、史无前例的经济繁荣景象，老百姓甚至可以容忍出了纰漏的领导者。极客长大的这个世界是被名人而非英雄主导的世界。政治人物很少成为英雄，英雄偶尔才成为政治人物，但是满街的人都可以成为名人。伊丽莎白·高表示，英雄的概念已经支离破碎，尤其是“每次有人被提名为英雄，别人就会公开他的一些丑闻。”在信息爆炸的时代，英雄只是暂时的，个人崇拜更是危险。许多极客向来不搞英雄崇拜，却希望有一些人能够获得他们长期的尊敬，尤其是公众人物。可惜值得尊敬的公众人物不多。为了弥补这方面的缺憾，极客选择周围的人作为英雄人物，成就虽然没有太了不起，却是有形的，值得他们尊敬。23 岁的陆军士官及护士邵凌云解释说：

> 我不知道自己对公众人物的了解是否够深，足以让他们成为我心中的英雄。我对英雄的标准很高。因为公众人物的点点滴滴都经由媒体报道，所有细节都可以遭到扭曲。外界其实并不真正了解这些人。我觉得，自己必须和心目中的英雄有私交。就像我的导师，她是美国或全球核能工程屈指可数的女性教授，因此，她是我的英雄。

年龄、资历及阶层不再代表成就或专业。同年龄的怪杰会景仰他们的前辈，因为后者会带领他们走向胜利；极客及其后的年轻人不再把年龄视为关键的组织原则。斯凯·戴顿指出，变化太快，使得年龄已经不再是关键：

创新的周期大幅缩短，就算一年前你会操作电脑，如今你可能会被电脑难倒，因为现在的电脑又是全新的。因此，代沟已经不存在了。我儿子几天前才满月，未来也要学习电脑……在他的一生，这个周期会改变很多次，使得年龄和世代都不是问题；这只是观点的问题。这是你要或不要使用这种科技的问题而已。

科技日新月异，许多技能迅速被淘汰，甚至连年轻人都反应不及；在电子通信的环境中，越来越难了解和你通话的人年纪多大。这种互动当然有其风险，不过，现在 21 岁的凯利创办游戏切片（GameSlice）即时游戏网站时才十几岁，要不是网络上不需要身份证明，他是不可能那么年轻就创业的。

极客不再相信英雄和不切实际的形象，这只是包括互联网在内的信息革命所带来的副作用。极客和他们的手足所展现出的世故令人惊讶。让人不安的不只是他们为了名利日夜工作而留下黑眼圈，而是在网络及实时新闻的帮助下，社会变得更透明，越来越多的人在年纪更小的时候就看透这些。你也许想到了寻找更高级的技术来进行限制，其实也根本不是那么一回事。当然可以在家里的电脑装个软件，让 10 岁的孩子无法接触色情网站。可是家门外还有成千上万的电脑，在网吧、宿舍、图书馆及教室内，只要点击三下鼠标，就可以连上搜索引擎，或小甜甜布兰妮的网页，甚至可以连上各式色情和暴力网页。色情只是个极端的例子。不过，极客之一的克拉克提醒我们，“知识渴望自由，”因此英雄或者英雄形象，就不可能长久存在而不遭到讽刺、被标签化或者被抹黑。

最后，我们所处的社会如此复杂，科技先进，大部分迫切的工作需要许多有才华的人携手合作完成。无论是成立一家全球性企业，或者推动开展社会运动，身居高位者即使天生英明，也无法一手搞定。以往有人相信英雄造时势，立大功、做大事的英雄豪杰会登高一呼、指挥若定、振奋人心、提出愿景、为民表率、扭转乾坤，但是极客已经放弃了独行侠的神话。

如今，在这选择的时代，复杂及变化的时代，改造世界的理想虽然很远大，但极客心目中真正的英雄却是能够和部属成为亲密伙伴的领导者。极客认为，决定是不是英雄的关键在于亲密和信任，领导者如果凌驾于部属，或者任由自身和部属之间产生距离，就不可能达成这样的目标。其中有个矛盾：当前似乎任何人都可以成为名人，因此能够躲开镁光灯、以部属为先的人反而才是真正的英雄。极客克莱恩和怪杰吉维兹对话时提到这个时代领导者面临的挑战：

> 我们这一代需要的领导者，和以前各世代存在文化上的落差。因为大家能够压缩功成名就的时间，因此领导者不只是监督他们准时打卡或者到班。他们必须相信这些人正在改变世界，几乎可以这么说。

以往一个命令、一个动作的领导模式已经过时，就像美国陆军的决策理论——观察、定位、决定及行动。今天的领导者不再是指挥部属，而是联合、创造及授权。以往的程序是由观察及反省开始，最后由领导者采取行动；今天的领导者想在高速的环境下脱颖而出，就得采取行动，然后再学习及适应。现代职场的速度往往容易让老一代的领导者迷失方向。混沌已经不只是一套理论，而是现实，今天的领导者必须学会如何与混沌共处，甚至要拥抱混沌。通用电气公司前任 CEO 韦尔奇最近说过，“如果你没有摸不着头绪，显然还没有进入状态。”从某种角度来说，新旧组织的差别就像高尔夫球和冲浪的差别一样。今天，你纵使看不到海岸或者天际，也要能踏着每一个千变万化的浪头。历史和先例可能帮不上忙。

表 3-3 说明怪杰和极客重视的主体，因时代背景造成的差别显而易见。怪杰和极客在不同的时代对最近的定位截然不同。怪杰经历时代的大变动之后，渴望一个安定的环境。反之，极客则是认定自己不会摔下来，纵使摔下来也会有人接住他们，因此希望能够往更高处爬。换句话说，怪杰在 30 岁时要让不安定离他们而去，而极客则希望打破稳定的现状。

表 3-3 怪杰和极客在 25～30 岁时所关心的议题

怪杰	极客
• 为谋生计	• 创造历史
• 优厚的待遇	• 创造个人财富
• 组成及供养家庭	• 开创一个事业
• 安定及保障	• 变动与无常
• 辛苦工作以获得制度上的奖励	• 辛苦工作才能自定游戏规则
• 听从前辈的建议	• 怀疑前辈可能犯错
• 尽好对组织的义务	• 决定该对什么效忠
• 利用退休享受人生	• 取得工作 / 人生的平衡

本章的结束也就代表本书进入新的部分。在导言中我们曾经提到，我们研究最初设定的目标是进行“跨代比较研究”。越是深入研究，就越是发现了一些关键问题需要回答：

- 非凡出众的人——无论年岁多大——如何学会领导之道?
- 怪杰如何维持自己对领导的热情?
- 终身领导需要什么条件?

在以下各章中我们将详细回答这些问题。

|第 4 章|

GEEKS & GEEZERS

锻造领导的熔炉

我们访谈的极客之一泰若·丘奇创办了“树战士”，她是在女童子军的一次远足中面对自己的熔炉的。我们聚精会神地听她讲述自己如何创办全球唯一的完全由儿童运作的非营利组织，这个组织从 1987 年开始已经种植了 100 万棵树。大部分熔炉都是一个让人脱胎换骨的故事，充满神话故事的力量，也能产生神话故事般的共鸣。丘奇记得：

> 当时加利福尼亚州正经历一场大旱，我们要去的地方水源又严重不足。大人提醒我们尽量保护水源。我妈妈是女童子军的领队，她要我们自己决定是否要使用纸盘子。我们通常会讨论各种议题，大家围成一个圈，讨论利弊。我妈妈提到，使用纸盘子就得砍掉一些树……她又提到森林滥伐，雨林在快速消失的问

题。因此我们又讨论到树木有助于水土保持，如何过滤空气中的污染物，还有臭氧层空洞等问题。她还说了一个恐怖的故事，虽然尚未证实，不过科学家正在研究，万一大气层消失了，怎么样才能让人类可以居住在地面下。这一切都是因为地球的树不够多……这实在是很恐怖。这是我这辈子第一次记得自己被吓倒了……我突然觉得自己身在一片幽暗的世界中，住在地下，再也看不到阳光，再也无法踢足球、爬树。我觉得自己就和许多垂死的人一样，同时我也觉得自己是孤单一人。真是恐怖极了。于是我们想出了一个主意，这个主意就是我们应该种树。我们想到就去做，种了一棵树。这是我觉得自己这辈子最有力量的一次体验。虽然内心恐惧，虽然面对各项挑战、险阻，但只要拿起铲子挖个洞，种下树苗，这么简单的动作就能改变世界。连我都办到了。我当时只有 8 岁。

本章将探讨极客、怪杰及其他领袖如何在个人熔炉中脱胎换骨。我们会探索这些熔炉的本质，有什么在其过程中发生。[1] 我们的焦点将放在所有领导者都具备的关键特质——适应能力上。在介绍更多实例前，最好再回顾一下领导者脱胎换骨的模型（见图 4-1）。

以泰若·丘奇的故事为例，我们可以看到每个特质都在她的身上显现。以她当时的年纪，能够强烈地体察到地球的宝贵及脆弱，也感受到浪费天然资源对地球的伤害，和其他缺乏想象力又怯懦不敢采取行动的人相比，丘奇更能从危机中找出其中的意义。除了生态的浩劫之外，她也看到了希望和化解危机的行动——大规模植树。这种人格特质是她成为领导者的原因，她虽然年幼，却因具备这种特质而能够创办新的组织，并为未来的成功做好准备。

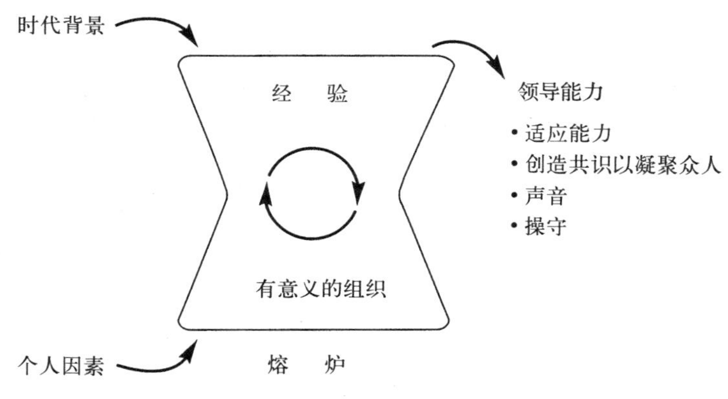

图 4-1　进一步讨论我们的领导发展模型

美国第六巡回法院上诉法庭法官纳森尼尔·琼斯是怪杰之一，他脱胎换骨的方式则是经历一种截然不同的熔炉：与他的人生导师的互动。琼斯回忆，他青少年时期在俄亥俄州杨斯镇度过，“如果不是狄克森（J. Maynard Dickerson）这位成功的律师、当地非裔美国人报纸的主编，我的人生可能会完全不一样。”

狄克森在很多层面深深影响琼斯。他引导琼斯去了解 20 世纪 50 年代人权运动的幕后实况，琼斯日后许多涉及人权议题的重要言论，都深受这些经验的影响。狄克森既是模范，也是教练。他训练琼斯智力上的发展及自我表达，甚至训练琼斯我们今天所谓的情商（EQ）。狄克森为琼斯订下最高的标准，尤其是在沟通技巧方面，我们发现，这项技巧对领导之道至关重要。琼斯早期曾经试图撰写体育专栏文章，狄克森在编辑时以红笔修改，下笔毫不留情，琼斯至今难忘。狄克森也希望这位青年任何时候都能说出一口文法正确的英文，琼斯如果结结巴巴，狄克森也会对他讲出来，请他纠正。琼斯逐渐学会这些复杂的、艰深的成功学，基于对狄克森的尊敬而产生的自我期许，他坚持不让他现在还尊称的“狄克森先生”失望，因此产生的成就动机不容小觑。狄克森对琼斯的密集教诲，等于在训练他成为专业及道德上的接班人，琼斯也不负所望，掀起一股深刻的社会变革。琼斯从狄克森对他的呵护关注中找到改变人生的意义，深信自己虽然只是个青少年，仍然能在社会及自己的人生中扮演重要角色。

个人因素的重要性

行文至此，我们一直没有怎么提到我们的模型中画在图下方的一个要素——个人因素。我们把前面两整章的篇幅都贡献给了极客与怪杰的时代描述，也该在这里解释一下为什么我们如此简略地看待个人因素在领导者形成的过程中所发挥的作用。

所谓的个人因素，就是任何人在接触世界时与生俱来的状况。在领导学的历史中，人格特质和其他个人因素最经常被人们研究。有人错误地认为领袖天成，而非后天学习而来，支持他们论点的主轴是人格特质等个人因素。假设我们要研究阶层对领导者养成的影响，阶层就可以归类在“个人因素”中。至少从历史上来看，男性、白人及有钱人比较容易达到社会及大部分人心目中的功成名就。美国就是如此，男性、白人、有钱人比较容易成为领导者。但充其量只能说，目前的领导者大多来自具有上述特质的族群，但是这些特质和领袖养成的实际过程却大多没有关系。例如，财富有助于个人获得高成就，就像富兰克林·罗斯福和约翰·肯尼迪那样，但却不是万无一失，全球还有许多默默无名的有钱人。聪明对一个人当然是利大于弊，但是智商高的人唯一十拿九稳的事情是参加智力测验。

还有许多因素被视为成功的重要条件，但我们发现，关键在于这些因素如何激发或限制个人特质。理论上，长相好看当然不是坏事，在实际中，则是有利有弊。我们也发现，以往在研究领导之道时，太看重人格特质和其他个人因素了。这些因素很少能够决定一个人最后的成功。拥有最佳遗传或社会经济条件的人，未必一定是赢家。典型的例子是法国数学家庞加莱（Poincare）和美籍德裔物理学家爱因斯坦。他们的数学教授绝对认定，庞加莱是当时最重要的科学思想家，而爱因斯坦的论文顶多只能算是二流，缺少天赋和潜力。有些伟大的领导者能够出人头地，似乎是遗传或其他固定特质之故。但是功成名就以及我们心中的领导者，多半来自个人适应危机或挑战（也就是我们称为“熔炉”的事件或情境）的能力。

适应能力才是关键

如果单一特质能够决定人的成败，那么这个特质就是适应能力。我们观察谁能成为领导者时，看到许多不同的变数，包括智商、家中排行、家境、家庭气氛、教育水准、人种、种族及性别。这些因素当然无法完全排除在外，但是在研究极客和怪杰时，笔者一再发现，智商可能反而会局限一个人，因此他超过这项限制的能力，远比智力更重要。以智力来说，如果只以高智商、平均智商或者低于平均水准来区分自己，势必会排除其他更有意义的自我定义标准。伊丽莎白·高说："每个人都有自己的高墙要攀越。"我们非常同意她的看法，甚至认为，爬墙的意愿和找出爬墙的方式的能力，才是评估领导者的真正标准。

没错，适应能力才是领导者必要的技能，除了要能掌握事情的来龙去脉，也要懂得辨识及抓住机会。在研究极客与怪杰的过程中我们也发现，适应能力也是每个人在面对生命的起伏不定和阴晴圆缺时，仍然能够活得精彩的能力。心理学家乔治·维伦特（George Vaillant）发表著名的格兰特研究（Grant study），将其命名为《适应人生》（*Adaptation to Life*）。[2] 格兰特研究分析了 268 位 1939～1940 年在哈佛大学就读的男生，这些人可以说是本书中的怪杰的兄弟，他们因身心相对健康入选。心理学家发现科学过度强调疾病，却使我们忽略研究健康。格兰特研究最重要的发现是，"正常是面对问题的一种方式，而非代表完全没有问题。"这些接受研究的男性和怪杰一样，他们遭遇无数的挫败、哀伤及困境，从失去所爱的人到罹患重大疾病。但是他们都能成功适应这些危机，没有被打倒。其中一人还是到中年才发现自己是同性恋者，由于他们顺利调适自己，才能继续成长。

在我们的访谈对象中，适应能力强的人，遇到熔炉仍然得经过一番艰苦奋战，但他们不会深陷其中无法脱身，或者受到限制。他们从中学到宝贵的一课和新的技能，才能迈向新的境界，继续学习。通过不断地挑战、适应及学习的过程，一个人才能学会如何面对下一次的熔炉。每次面对新的问题，并且因势利导地加以解决，既可提高自己的技能，更能应对下一次挑战。有些领导者一辈子不断面对新的挑战，因而学会新的技能，也能开创更多的成功并不断成长。从这个不断炼净个人杂质的过程中，显现出怪杰和他们同辈人之间的差别，这个过程也让极客假以时日能够更上一层楼。

2002 年年初，维伦特发表《适应人生》的续篇，书名是《活到老，活得好》㊀（*Aging Well*）[3]。新书不仅包括哈佛大学那些男性高才生的人生经验，也纳入了一些才华洋溢的女性和都会区内比较基层的男性。新书中最有趣的素材包括女性如何在事业机会受到限制的时代中，适应自己比较平凡的人生。有些女性会改写她们的过去，淡化她们经历的不平等待遇，如此才能拥有比较正面的情绪，不会陷入自己的悲情当中。跟我们的研究不谋而合，哈佛大学的研究发现最能成功驾驭年华老去的人，都拥有强大的适应能力，能够不断学习新事物，并且保持热情及乐观的态度向前看，而非一直沉湎过去。

㊀ 原书名有一个非常长的有些拗口的副标题——从著名的哈佛成年人发展研究所得到的通往幸福人生的令人惊奇的路标（*Surprising Guideposts to a Happier Life from the Landmark Harvard Study of Adult Development*）。——译者注

极客和怪杰都曾经历过一些熔炉而脱胎换骨，在描述他们的生命历程时我们不断看到改变与成长交替出现，为未来的挑战和个人不断成长做准备。本书的怪杰和极客并非无可救药的乐观者，但他们都会将这些熔炉视为正常的经验，甚至在其生命的高峰也是如此。他们不仅能够胜过折磨，更能因此得到更大的启发和精进。

赫胥黎（Aldous Huxley）说得好："经验不是一个人的遭遇，而是他如何面对自己的遭遇。"[4] 有人能从熔炉中萃取智慧，有人则在类似的经历中受伤屈服，成功领导者和普通人的差别就在于此。这些极客和怪杰教给我们最宝贵的一课是，考验再怎么艰苦，都是带领我们不断成长的沃土，也是让我们不再受到过去钳制的过程。维伦特在《适应人生》中就写道："压力无法杀死我们，但有效地适应压力却能使我们活蹦乱跳。"[5] 无论熔炉多么不堪，极客和怪杰绝对不浪费时间抱怨悔恨，反而欣然接纳。

我们发现的实例印证

本项研究针对领导之道所发现的心得，我们深信不移，因为在本研究之外的领导者中，也可看到这些特质。本书并未将亚利桑那州参议员约翰·麦肯（John McCain）列入怪杰，不过他表现出了高人一等的适应能力。他是曾被关在恶名昭著的河内希尔顿（Hanoi Hilton）的一群英勇的美国军人之一，他们绞尽脑汁，在和监狱看守的斗智中占了上风。这些美国大兵虽然遭到虐待和隔离监禁，却发明了一套彼此沟通的方法。他们通过敲打、咳嗽和其他暗号发送信息，狱卒根本无法发现。当美国人想传递信息时，会敲出“修面理发”，如果只听到“修面理发”的回应，就知道有狱卒在另一头。只有美国人知道最后再多敲两下表示“再等一会儿”。有位美国人被迫录下自白的录像带，他知道这卷录像带最后会在美国播放，因此全程不断以眨眼的方式打出摩尔斯密码的“虐待”两个字。

关在河内希尔顿的美国人凭着适应能力，把一套令人绝望的沟通方式变成以弱制强的工具。麦肯在他的回忆录《将门虎子》（*Faith of My Fathers*）中指出，他的勇气和领导才能主要源自家族的典雅传统——荣誉、爱国及牺牲（他父亲和祖父都是美国海军名将）。[6] 但我们认为，毫无疑问，适应能力才是让他能够全身而退、通过熔炉考验的关键。他在遭受酷刑之后签下自白书，宣称自己是“战争贩子”。当时家族传统和责任很可能在酷刑下荡然无存，无法舒缓他被囚禁的痛苦，但他的适应能力却让他克服了自己无法坚持家族传统与责任的羞耻，甚至克服了自己是卖国贼的想法。因此他能够在退役后仍然享受和谐的家庭生活，并且担任公职，表现极为出色。

本章附有许多微缩的回忆录，可以从中一窥领导者是如何受到考验和脱胎换骨的。极客和怪杰所经历的熔炉千奇百怪，大不相同。保罗·索列里学习登山，哈兰·休精于空手道，这些对于脱胎换骨似乎比较平凡。但无论熔炉是痛失所爱，还是投入不熟悉的文化，对因此脱胎换骨的个人都是非常重要的事件或经验。

重要的是，熔炉的定义因人而异。在一段对话中，我们真正了解的一定只有自己这一面的话语。我们非常清楚本身经历的折磨和劫难，但对其他人的遭遇永远只有一知半解。外界如果没有听到我的内心独白，恐怕一点也不了解我内在的挣扎，甚至从外表看来，还以为我拥有的是一场愉快的经历。因此，一个人在脱胎换骨成长为领袖的历程中永远踽踽独行。

琼斯 1979 年被提名担任第六巡回法院上诉法院的法官，他记录下自己长久以来一直想建立自我意识的过程："在我内心深处一直认为，自己的能力遭到低估。我知道自己的志向，也知道别人认定我未来的成就无法超越他们设下的限制，但是我绝对不让他们的限制成为自我的限制。"

在狄克森的教导下，身为律师兼报纸发行人的琼斯青少年时期的对话伙伴，就包括马歇尔（Thorgood Marshall）、怀特（Walter White）、威尔金斯（Roy Wilkins）、威佛（Robert C. Weaver）博士等民权运动人士。琼斯表示：

> 我在一旁听着这些律师和民权斗士聊天和讨论事情，对他们的毅力、风趣及行为模式相当折服。他们不让制度阻碍自己的决心。有他们作为模范，你能渡过难关，这也让我具备适应环境的技巧。为了保持自己的心智健全和自尊心，你得找出方法来应对外界看不起及贬低你的种种念头。面对其他人的轻视，他们不会发怒，反而以幽默的方式处理，让那些自以为高人一等的人自讨没趣。他们会谈谈有人发现黑人

也会使用刀叉或者懂得礼貌时大吃一惊这种事，这些律师和民权斗士并不觉得受到伤害，反而能够化逆境为顺境。

琼斯后来在访谈中提及一个南非大主教图图（Bishop Desmond Tutu）讲的故事，让他深受感动：

他说，甚至到了今天还有很多黑人怀有奴隶心态……他谈到奴隶及种族隔离政策仍然阴魂不散，造成许多受害者，甚至他本人也受其影响，而不自知。他有一次搭机，登机时发现驾驶舱的机组人员都是黑人，他觉得很有意思。他就座后，飞机开始滑行，然后起飞，后来在飞行中遇到了乱流，机身开始上下震动。他当时的念头竟然是，"真希望驾驶舱内有一个白人。"然后他立刻觉察到，"天啊，这就是奴隶心态。"

纵使基本事实一样，每个人所经历的过程仍不相同。琼斯和詹姆斯·康隆（James Conlon）面对民权的争战，两个人的回应截然不同。琼斯终身致力于法律及公平，而在巴黎歌剧院担任首席指挥，同时也是德国科隆市的音乐总监的康隆和琼斯一样，年轻时曾经见过马丁·路德·金博士。不过，康隆没有成为民主斗士，他接受《哈佛商业评论》采访时说，金博士的典范"不断刺激我要超越艺术家天生的自我中心。"[7] 金博士也激励康隆放弃了他的老师教他时所采取的粗暴简单的教学方法，他们"只会挑剔我的不完美，让我觉得自己不能胜任。"金博士对琼斯和康隆的启发完全不同并不令人意外，因为每个领导者都能在熔炉中找到他需要的意义。

节食和挨饿的差异

每个人经历熔炉的时间、严苛程度都不一样。一般来说，熔炉可以分为两种：一种是主动追求的，一种是外力强加的。纵身跳下悬崖和被别人推下、节食和挨饿、移民和流放完全不同。本书中的部分领袖被迫经历了熔炉，但大部分领导者选择了主动接受，不过在经历时几乎完全无法了解其意义。部分领导者不断追求能够使自己成长的挑战，例如李维特。李维特工作超过 50 年，曾在空军服役，担任过牲畜交易员、《展望》(*Look*) 杂志编辑，以及在克林顿执政时担任证券交易委员会主席。“我认为，人生最重要的是尽量保持多样的可能性，”他解释，“如果你爱上一个社区，决定自己永远不会搬家，等于是关上一扇大门……我愿意搬到任何地方。任何地方我都不在乎，我觉得这很重要，你得像盆栽植物一样，帮自己换盆。”

杰克·柯曼也会不断寻求试探和挑战。他是佛蒙特州一家周报的老板兼主编，担任过经济学教授、费城联邦准备银行总裁及哈弗福德学院校长。但是他最为人传颂的事迹是他会定期从事一些蓝领阶层的工作，如清运垃圾、洗碗工、狱卒及义警。他也曾经在纽约市尝试过游民生活 10 天，体验大作家乔治·奥威尔 (George Orwell)“在巴黎和伦敦穷困潦倒的日子”，不过，柯曼知道自己终将返回校园。

无论是被动或主动，熔炉都让人不禁扪心自问：我是谁？我能成为谁？我该成为谁？我如何与世界相处？我们不缺自省的场合，在这些场合，我们就像长年坐牢的曼德拉一样，只剩下两种选择，在加害者面前保有或丧失自己的人性尊严。总而言之，熔炉是一种场合或经历，让人从中萃取意义，找到新的自我定义，培养新的技能，以适应下一次的熔炉。

恐怖分子在 2001 年 9 月 11 日的攻击，是外力强加的熔炉中最残酷的一种。我们不知道，成千上万经历这起事件的人如何改变，但是我们知道其中一位彻底转变的是鲁特尼克（Howard W. Lutnick），他是坎特·费兹杰罗（Cantor Fitzgerald）债券交易公司的负责人。在两架飞机撞击世界贸易中心大楼使其倒塌的那个时候，他通常已经坐在办公室里。但是当天是他 5 岁的儿子第一天上学的日子，他特别送儿子到学校。当恐怖攻击发生时，这位 40 岁的执行官刚刚抵达世贸大楼。他的公司在大厦中工作的 1000 名员工中共有 600 人在攻击及其后的倒塌中罹难，其中包括鲁特尼克 36 岁的弟弟盖瑞。

过去《纽约时报》形容鲁特尼克是“铁石心肠”[8]，但是面对这场浩劫，他开始向员工家属伸出援助之手。他在电视访谈中公然落泪，并且把住宅电话号码告诉每位员工家属。事发当晚，他在附近的旅馆成立家属服务中心。“我们有了新的合伙人，就是这些家属，”他含着泪水对媒体说。到了 9 月 13 日，公司开始在临时办公室恢复工作，鲁特尼克捐款 100 万美元给新成立的坎特费兹杰罗基金会，协助所有受难者家庭，不管他们为谁工作。其后，费兹杰罗公司那些死难者家属曾批评鲁特尼克不该立刻就发给他们盖着“最后结算工资”章的工资支票[㊀]。但是，不管如何，在面临新的现实仅几个小时后，鲁特尼克似乎已经蜕变为另外一个人。

熔炉绝对是生死存亡的关头。这些考验经常让人筋疲力尽，不管是某种制度规定必须通过的形式，如军官训练学校或者实习期。这些考验也通常有某种奖励，也许是重获自由，或者大权在握，才能让极客及怪杰甘愿经历部队和企业的艰苦日子。失败的可能性也不小，身在其中的你恐怕不会知道结局及自己未来的命运。但是极客与怪杰都把熔炉视为一大乐事，虽然危险，却充满了机会。他们相信富兰克林·罗斯福在第二任总统就职典礼上说的话：“这一代和命运有约。”虽然极客和怪杰知道自己可能会失败，却乐观地相信自己终会成功。他们预见一道弧桥，并且相信自己将踏着它走向未来。他们更深信，未来的目标值得现在辛苦，自己终将苦尽甘来。

我们只研究通过了熔炉磨砺，而且比以往更坚强、更有自信的人。如果这是“放之四海而皆准”的经验，本书就多此一举了。在接受熔炉磨炼的人中，当然有人失败。他们经历熔炉，却空手而归，或者因为挫败而丧志气馁。但我们的极客和怪杰却能

㊀ 在当时的情况下，很多死难者家属觉得应该等搜救工作全部结束后再判定是否确实死亡；还有些死难者所信奉的宗教要求失踪数年之后才能判定为死亡。——译者注

以健康的心态通过考验，并诉说他们的故事。

适应能力就是运用创造力

本质上，适应能力就是运用创造力。这是一种在看待一个问题或危机时能够发现一整套非常规解决方案的能力。适应能力包括了诗人济慈从天才莎士比亚身上所看到的那种特质——“否定的能力”㊀。济慈于 1817 年写信给他的弟弟时指出，“假使有人能够在不确定、奥秘和怀疑时，仍然没有任何愤怒地追求事实和理由，”[9] 他就具备这种特质。拥有“否定的能力”的人，自然非常重视事实和理由，但他们同时也能懂得如何欣赏反向观点的智慧。例如约翰 · 加德纳把过去视为“压舱石及老师”，他也知道，传统和习惯固然令人安心，但也是一种限制。他说 ：“小心！你

㊀ 否定的能力（Negative Capability），是一个内涵极其丰富、不可翻译的概念，直译为“否定的能力”。综合济慈在多封信中的论述，这个概念至少包括以下含义。首先是在对外界和诗歌素材的观察中，尽可能排除自我意识的干扰，通过“内置式”的想象深入它们内部，感受它们的内在生命原则，实现物我同一。其次是在创作过程中将自我悬置于神秘、未知、不确定的状态，诗人只以审美直觉的方式干预诗歌，而不用逻辑推理以及伦理、哲学等观念性的因素干扰诗的自然进程。最后，从宏观上永远不让自己局限于某种固定的风格，而是在反省自己的诗艺，加深对生活的体验和学习传统的过程中不断否定自己。莎士比亚从不在他的戏剧中主动表现什么，而是让自己对世界的整体经验（不是思想，而是思想、情感、感觉、潜意识和无意识的综合体）自发地向作品渗透，他的重心是让表现力尽可能地忠实于这种经验（而不是他的意识的观念性的判断）。正因如此，他的戏剧才得以充分地传达生活的丰富性，而没有蜕化成某种宗教或哲学体系的文学寓言。也正因为如此，《哈姆雷特》才成为一面读者的镜子，永远悬在可解与不可解交界的边缘。这一发现对济慈产生极其重要的影响。——译者注

在建造用来保护自己的‘监狱’。”

前文提及怪杰和极客能在混乱中茁壮成长，也能容忍混沌和变动的天赋，专门研究创造力的心理学家艾马拜尔（Theresa Amabile）指出，有创意的人不仅较能容忍混沌不明的情势，也能在较长的时间里考虑多种选项。他们不轻易排除任何可能性，因此能够做出更佳、更巧妙的抉择。他们能够容忍别人希望赶快结束的不确定情势。大部分极客和怪杰都很有耐心，愿意寻求前人未到过的小径。他们也会遵循纪律，以达到期望中的目标。纵使他们看重异端和变动，也能完成学位论文，拿到工商管理硕士学位，因为他们知道，只要是通往成功的捷径，再怎么样辛苦也值得。

西德尼·哈曼是位 80 多岁的创业家，担任过大学校长及卡特政府的副部长，他谈到鲁莽和大胆的差别时，展现出面对风险时的领袖气质：

> 如果未评估胜算及后果就鲁莽行动，无论是人生的抉择或者商场上的决策，都等于盲目出击……我认同的大胆是，你了解失败的可能性，在评估整个背景，掌握胜算和后果后，愿意“放手一搏”的行动。

适应能力强的人不会被难题逐退，他们会迎着问题而上，无论多么痛苦，都要找出答案。适应能力让人能够以信心和乐观面对陌生的情况。适应能力强的人面对困难不会被吓得动弹不得，或者因为焦虑而泄气。他们相信，只要一跃而下，自然会出现安全网，纵使没有，他们也能即时找到一张。别人看到的是混沌的乱象和纷扰，而在他们眼中只有机会。1982 年，创办网络证券交易公司 E*Trade 的比尔·波特是绝佳典范，早在别人想到之前，他就预见到了投资人希望以光速来买卖股票。“你发现一个契机，就要全力以赴。”

30 岁的创业家斯凯·戴顿则是另一个范例。当有人问他“想到创办 Earthlink 这个点子时有无特殊情境”时，他想了一下之后，大笑说：

> 哇，的确有。当时我正想上网，我有一本介绍如何上网的书，有网络服务供应商的账户，桌上又有一台苹果电脑。我花了 8 个小时和电脑搏斗，打电话求救，却找不到任何救兵。我快疯了，仿佛深陷丛林之中，最后终于连上线，仿佛是走出丛林，看到一座金字塔。1993 年年底某一天清晨 3 点，我终于会了，我坐在家中，看着这一切，我似乎下了决心。接着脑海中灵光一闪：“我要让所有的人都能够很容易上网。我要让这个大众媒体能广为大众所用。”接下来我放下手边其他工作，专心创办 Earthlink 公司。

对比尔·波特和斯凯·戴顿来说，失败是朋友，而非敌人。当结果不如预期时，他们会把失败转化为愉快，甚至值得期待的经验。有些做法也许行不通，他们也不觉得丢脸，反而视其为有用的信息，最后一定会开花结果。

适应能力也会让人拥抱及研究新技术，而不是把新技术看成洪水猛兽。通用电气公司前任 CEO 韦尔奇就是很好的例子。他原本也排斥上网，后来不仅热衷上网，甚至为公司 4000 位高级经理人员分别指派一位电子计算机专家辅导他们，并且依照他们学习的进度调整薪资。事实上，寻求专家帮助几乎是所有极客和怪杰都具备的力量之一。极客很善于寻找一流的老师，怪杰也会毫不迟疑地向他们的子孙求教。

无论年纪大小，我们的领袖都有雅量承认自己不懂，也把学习看成是互惠的过程。Embark 大学线上申请网站创办人之一的辛·扬说："我们知道自己的运营经验不足，才请来了一些资深经理，向他们学习。同时，我们也知道一些他们不知道的事情，并以此自豪。"

有创造力和适应能力的人都一样，非常享受解决问题的过程。无论是重病、岌岌可危的网站、遭到不公正还是残酷的监禁，寻求答案的过程都能成为令他们心灵满足甚至愉悦的源泉。解决问题的过程在人脑中产生令人开心的恩多芬（endorphin），而且适应能力越用越强，也越犀利。

熔炉是充满魔力的场合，一个人经过熔炉会脱胎换骨、改弦易辙，像全新的人一样。他会改变自我的定义。我们怎么知道这个人已经脱胎换骨？旁观者固然能够观察出来，更重要的是，他自己也体会得到。

熔炉是一道分水岭、一个转折点，通过熔炉的人会觉得今是而昨非。福特汽车公司的伊丽莎白·高说，她曾经走到一个"十字路口"，她得决定是继续原来这条不甚满意的道路，还是"跳向另一个高原”。极客和怪杰在熔炉的过程中，都能领受到新的洞见、新的技能，让他们能够“跳向另一个高原”。

在试炼的过程中，个人有许多抉择——把握机会、忘我无私、负起责任、另起炉灶、为所当为。当试炼结束后，他可能觉得选择正确，也会产生全新的自我形象。认定自己已是通过熔炉、脱胎换骨的人，一定会更有信心，未来也一定更愿意承担风险。这种新的自信来自于自己完成一项艰巨任务，并且表现极佳。

吉维兹形容他担任美国驻斐济大使的经过：

> 我获得参议院同意担任斐济大使，然后和妻子搭机前往斐济，斐济之行改变了我们的人生。许多经验也的确令人不寒而栗，因为我带着国务院和国家安全委员会的指示，希望改善斐济的人权状况，因此在第一场记者会上就公开批评斐济政府的人权记录。当地政府自然大为不满，考虑将我列为不受欢迎人物，换句话说，我可能还没有安顿下来，连行李都没有打开就得打道回府。所幸的是，我最后还是和总理及内阁建立了良好关系，开始了团队般的工作，并且做出了很好的成绩。我卸任的时候，斐济通过新宪法，推动我私下一直为之努力的宪政改革。

许多极客和怪杰为了通过熔炉，已经准备改变自我。首先，成功就是让想象力动起来。无论年纪大小，这些领袖不会受到以往角色的限制，父母、师长或其他人对他们的定位，也无法限制他们。他们绝对不会沉浸在“当下”，许多领袖自小就习惯于想象自己会做什么。杰夫·威尔克眼界大开，能够超越匹兹堡的蓝领阶层，得归功于他的继父。继父鼓励他考虑去读宾夕法尼亚州立大学以外的学校，或者选择成为职业棒球选手以外的职业。

以全新眼光看世界

熔炉也是一个转折点，你可能因此具备新的身份，检测强化或改变某种价值观，个人的判断及其他能力也得以精进。熔炉使人取得新的洞见，并重新认识自己。熔炉磨炼中让人脱胎换骨的事件，往往是你发现自己具有影响别人生命的力量，例如你手握生杀大权。华莱士记得第二次世界大战期间，他担任海军通信官时，发现潜艇的安全就操纵在他的手中。为人父母也是一种熔炉，让人体会到自己的力量、责任及彼此相依的特质。

哥伦比亚广播公司记者迈克·华莱士在密歇根州立大学念书时的志愿是成为英文老师，他在校园电台实习时发现自己洪亮的声音很适合播报新闻。他在密歇根州的安艾伯（Ann Arbor）“初试啼声”。但他是在第二次世界大战在海军服役时，才发现声音的力量。

> 到了海军才有机会思考自己的未来……海军也是让人能够自省的好地方。你未来想做什么？提醒你，我当时才二十出头。你想做什么呢？你已经二十六七岁了。只有往回看，你才知道你想做什么。但是海军

给我一个机会，让我能够喘口气，想一想……突然你坐上了发号施令的位置。我当时是通信官，先从少尉干起，然后又负责紧急通信仪，负责联络军舰和潜艇。我竟然肩上扛有真正的责任。

熔炉让人能够以新的眼光看待世界。民权及人权运动人士埃莉诺·约赛提丝（Eleanor Josaitis）在《哈佛商业评论》上回忆她的“人生改变时刻”[10]。当时是 1962 年，30 岁的她是家庭主妇，在底特律一个白人社区养育 5 个孩子。有一天晚上，她在看电视长片《纽伦堡大审》时突然看到了插播的一则新闻：亚拉巴马州的警察以警犬、高压水枪及电棒攻击和平示威的民权运动人士。“我不断问自己，‘如果我住在纳粹执政时期的德国，我会怎么办？我会假装没有看见吗？’我也问自己：‘自己的国家也对老百姓动用暴力，我又该怎么办？’当时我立刻变成了马丁·路德·金博士的忠实支持者。”

别人觉得烦乱的事情，约赛提斯从中找到意义。而且她的改变非常彻底，她卖掉房子，搬到都会区，开始致力于种族平等。她毫不退缩，甚至她的母亲带走了她的 5 个孩子，彼此脱离关系，她也在所不惜。

从逆境中找到意义和力量，就是领导者和非领导者的差别。遭遇逆境时，比较缺乏才干的人会觉得自己倒霉，而且充满无力感。领导者则会发现目标、下定决心。英国前首相撒切尔夫人说过，铁加入灵魂就变成钢。威尔克则是在经历职场的悲剧后才脱胎换骨。

英雄之路

参战、克服恐慌、进入未知的世界都是熔炉，身在其中的人能把自己如何面对及克服挑战、嬗变成更美好更新的自己讲成故事，这个故事就是英雄之路。从某种角度来说，极客和怪杰都成了自己的英雄。他们不一定能意识到这个过程，但是，不管他们知道与否，所有领导者都同意作家伊萨贝尔·阿连德㊀的说法，“你自己就是你一生故事的讲述者，至于要不要创造自己的传奇，随你高兴。”[11]

极客和怪杰都选择创造自己的传奇，他们都“亲自写下”自己的人生。这种熔炉让当事人不但成为别人眼中的英雄，也成为自己眼中的英雄。改头换面的人踌躇满志，往往愿意和他人分享自己蜕变的故事。请记住，这是一个动态的模式，这些英雄学会之后，这段历程将刺激他们进一步精进、学习及成长。

熔炉能够让人从经验中萃取出智慧。经常学到的教训既和价值观有关，也和领导之道有关。33岁的杰夫·威尔克担任过总经理，负责的工厂有一位员工因公殉职，他从这段经历中学到价值观和领导之道。

我的运气真是背……我负责的化学工厂，有一名员工因

㊀ 伊萨贝尔·阿连德（Isabel Allende），智利女作家，出生于秘鲁首都利马，父亲早亡。西班牙和拉丁美洲的文学评论界评价她为“穿裙子的加西亚·马尔克斯”，作品《幽灵之家》《爱情与阴影》《夏娃·鲁娜》等都是西语世界榜首畅销书。——译者注

公殉职。你不禁会想，“怎么会发生这种事情？该谁负责？我们是否也有责任？”你又会想到其他所有的事。你得赶到员工家中，慰问遗孀，在工厂发表谈话，和员工相处一个星期了解他们的痛苦，协助他们度过这个事件。这些经验都能让人脱胎换骨，认识到领导之道的重要性。

你可以说服自己，在产业界，领导就是赚钱、实现本季目标、达成销售目的，每天下班时再恢复自己的生活方式。现在才了解，到头来大家的人生都绑在一起，是否实现本季目标已经不再重要……我仿佛被狠狠打了一巴掌。

温迪·柯普回忆自己想要成立“为美国而教”组织的过程：

我有点害怕，心里开始想：“你晓得的，我不孤单。成千上万名毕业生也在寻找一些他们找不到的东西，他们也想在世上有一番作为。”有一天我想到这个点子：美国为什么不成立一个全国教师团，征召一些想做点事情的人，在都会及乡村的公立学校教孩子读书？我们需要他们把精力发泄在这些地方。我对这个点子已经废寝忘食，这些人不仅以两年的时间发挥出巨大的影响力，也能改变美国的道德观。这是很有力量的事。

摩托罗拉公司年轻的经理伊丽莎白·阿尔特曼被公司派驻日本工作，这段经历彻底改变了她，她的故事也包括学到的教训及进一步认识何谓学习。她在这趟脱胎换骨之旅开始之前的心境和许多新手一样，对未来充满不确定，甚至恐惧。她说："在日本乡村一个摄影机工厂做事，是我这辈子做过的最困难的事情。"除了独在异乡为异客，感觉孤单以外，身处日本把女性同事视为装饰品的"办公室女郎"文化，她必须为自己作为全厂唯一的女性工程师确立地位。在她抵达工厂前，就有人提醒她，要赢得男性同事的尊重，她必须和"办公室女郎"划清界限。第一天上班，其他女性同事过来寒暄，她不听劝告，和她们打成一片，并以此来观察这种陌生的办公室文化。

由于她的情商很高，阿尔特曼能和女性保持一定距离，但又不致疏远，也通过骑山地自行车的兴趣爱好和少数男性同事建立关系。最后，她又和部门秘书变成好朋友。这位女性同事的丈夫也是工程师，通过这层关系，阿尔特曼从此得以参加工厂内各种活动，出现在各种社交场合。她说："如果不是和这位女秘书搞好关系，并且打入男人的圈子，我不可能融入其中。"

阿尔特曼把这次经验视为无价的教育："它教导我要停下脚步、用心思索、学习及观察，其实谈不上适应文化，因为我并不想去适应它。而是能够看清状况，学会观察，不要陷入预设立场。"她在日本工作期间，学会先仔细观察，不要根据文化上的刻板印象就骤下结论。她已经学会将它变成反射动作，这对她目前在摩托罗拉化解企业文化差距的工作是无价之宝。

在我们的头脑中对于这个模型有些了解后，我们继续研究两位怪杰所经历的熔炉。

伊丽莎白·麦柯马克是知名教育家，也担任多个慈善团体的负责人。身为教育领袖，她在 1966～1974 年担任曼哈顿维尔学院校长，当时全美校园都有动乱。她的慈善工作包括担任洛克菲勒基金会执行长，在麦克阿瑟夫妇基金会担任副会长，后者提供所谓的“天才奖”（Genius Awards），她也是大西洋基金会负责人。

麦柯马克很清楚时代背景对她人生的影响。她是 20 世纪 40 年代战后出生的孩子，自小家境富裕，是传统的罗马天主教家庭，女孩如果念大学，一定是念天主教大学。麦柯马克回顾从前，猜想自己决定成为修女，是否因为在她心中并不认同父母对她人生非常传统的规划——嫁给一位天主教信徒，养一堆孩子，然后住在郊区。麦柯马克后来成为圣心修道院的修女，一做就是 30 年。她原本就聪明过人、身体健康，这是她从事教会服务多年的最大资产。真正让她成为领导者，甚至离开修道院结婚之后仍然活跃于社会志愿者工作的因素，则是她的适应能力。而适应能力的两大要素则是乐观和自信。

此外，麦柯马克也有把握眼前机会的能力。虽然外界大部分人认为，修道院就是让人祷告、默想及做善工，其实修道院也需要经营。而且和许多传统组织不同的是，修道院是由女性负责处理行政事务，这些女性不愿和男性竞争领导职务，而且都是受其他女性领袖所启发与教导。麦柯马克已经宣誓要顺服神的旨意，因此她接受修道院资深神职人员的安排。例如，她接下康涅狄格州一所寄宿学校的校长职务，不但得从工作上学习领导原则，也得每日实践。起初，因为她年仅 30 岁，且又没有太多管理经验，她觉得自己能力不足。后来她想起曾接受过的一位修女的领导，她并不喜欢那样的管理风格，于是她“见不贤而内自省”，反而由此培养出自己的管理技巧。她发现，要创造一个伟大的组织，诀窍之一就是找来一些可能威胁自己地位的高手。她也发现自己擅长的领导风格就是尽量释放出别人的潜能，这种无私的风格被一位领导学专家称为“无指纹”方式（no fingerprints approach）。

麦柯马克担任修女的 30 年正是她的熔炉。但是有时候她还会遭受更严苛的试炼，其中之一发生在 20 世纪 60 年代，她主张曼哈顿维尔学院必须随着文化变迁而蜕变重生，否则只会枯竭而亡。曼哈顿维尔学院和能够吸引最聪明的顶尖女性就读的七姐妹学院齐名。但是教皇约翰二十三世推动的普世教会运动，使得越来越多才华横溢的女天主教徒转向世俗机构，耶鲁大学 1967 年成为第一个招收女性的常春藤学校，过去它只接受男性学生。这种趋势愈演愈烈，麦柯马克知道这是大势所趋，在获得了董事会的支持后，她引导学校转型为男女兼收的普通大学。当时她也被校友指责为“出卖基督的犹大”。

麦柯马克早年被修道院派往普罗维敦士学院，修习托马斯（St.Thomas Aquinas）神学。她顺服前往，和其他人一起研读 700 年前的神学思想，但是在内心深处，她觉得此思想很难应用在当代社会。期末考试时，她在回答每个问题前都会说：“依照我在普罗维敦士学院接受的教导……”校长不是傻瓜，他质问麦柯马克，是否不相信自己所写的答案。麦柯马克回答，“没错，我不相信。”“你很诚实，但是你错了。”校长告诉她。但麦柯马克在心里说：“我很诚实，而且我也没有错。”

通常，极客和怪杰能够很清楚地分辨英雄之路的转折点。“那就是我的转折点。”麦柯马克说。在麦柯马克的案例中，很难找出她开始认定自己不是修女的确切时间。麦柯马克记得，有一次曼哈顿维尔的一位学生告诉她，自己的妹妹怀孕了，她怕父亲发现会杀了她妹妹，因此请求麦柯马克安排她妹妹堕胎。“没问题。”麦柯马克说，她知道这位父亲的确会不按牌理出牌。麦柯马克先前不会把个人想法公之于世，后来她认为只要是对的事情，她一定会去做，纵使违背修女的誓约也在所不惜。她终于相信，自己只有在修道院之外才能过自己想过的日子，她要和别人结婚，在世俗的教育组织中为了公众幸福而工作。麦柯马克非常适应新的生活，这当中很重要的一个原因就是她不觉得在修道院的日子是浪费时间，反而是宝贵的经验。只要拥有足够的适应能力，就不会有失败，只有成长。

西德尼·哈曼是参与式管理的先驱，他所经历的熔炉非常清晰。他创办哈曼国际公司，在卡特政府时代担任过商务部副部长。他记得自己曾经身兼二职，又要打理自己的公司，又要担任佛兰兹世界学院校长。1968 年，美国国内政局不稳，公司位于田纳西州玻利瓦的工厂又爆发了危机。

哈曼说，在那时，南方的工厂是“非常简陋粗放的，让人感觉很差。”出事的部门是打磨部，工人大多是非裔美国人，她们的工作主要是为汽车镜子磨光，工作环境条件对健康不太有益。晚班工人通常在晚上 10 点休息。由于宣布下班的汽笛发生故障，管理人员决定延长到 10 点 10 分再鸣汽笛。有位黑人不满地对同事说："我不是为汽笛工作，汽笛为我工作，我有手表，我知道什么时候是 10 点钟，我才不等 10 分钟，现在就要休息。"于是 12 位晚班员工都开始休息，当然，整个生产线便因此停顿。

回忆到这儿，哈曼又解释说，佛兰兹世界学院是一所贵格教派的学校，主要的办学精神是学生必须自行负责自己的教育，而不是靠老师。哈曼当时一根蜡烛两头烧，经常得在车上换衣服，从工厂开车到学校的途中吃午饭。那位黑人员工不愿意为汽笛工作的说法，让他心头一震，从此改变他的一生。他突然悟出一些道理："科技是服务人类，而非人类去服务科技。"而且他发现，自己每天在校园的作为可以应用在公司中。他让工厂变得像校园一样，提供各种课程，包括钢琴课，更鼓励员工负责管理自己的工作场所。参与式管理不是他在办公室想出的伟大构想，而是他从校园飞车赶到工厂时灵光乍现的成果。从此以后，他变成另一种人。他把两个看似不相干的理想，结合成全新的管理技巧，在绩效和人性中求取平衡，直到现在还在持续影响着全球的许多职场中的行为。

哈曼从这次熔炉中找到意义和方向，也能够和公司上下的员工沟通。哈曼的反应代表着一位能干的领导者能够掌握突发状况，这是适应能力很重要的一部分。在处理危机时，哈曼至少展现两种领导者的风范。他能站在员工的立场思考，也鼓励员工表达不同的意见。玻利瓦工厂发行一份《玻利瓦镜报》（*Bolivar Mirror*），成为员工宣泄不满的管道。哈曼知道，虽然听来很痛苦，但不满的声音却是很有用的信息。而且让员工能够表达意见，成为创意及情绪的出口，基于公司业务及人道理由，都应该支持。哈曼成为这份报纸批评的焦点，但是《福布斯》杂志报道，哈曼是美国年薪第二高的企业总裁之后，员工在报纸上只是调侃哈曼，并没有找他的麻烦，这一点颇让哈曼感到安慰。

极客和怪杰都已经学会如何学习，并且终其一生不断学习。麦柯马克说，她和一位朋友经常一起搭乘飞机，两个人会在旅程中交换彼此的读物。哈曼也说，他经常从多年老友前总统卡特身上学到宝贵的教训。哈曼说，卡特在会议中似乎总是比其他人多懂一点。不过纵使会议中交换的信息再有趣，也无法大幅提升其他人的想象力和创意。因此哈曼希望自己“不是那种官大学问大的领导者，而是能够激发别人潜能的触媒，让别人能够开创自己。”在这一点上，哈曼有点像本尼斯和毕尔德曼（Patricia Ward Biederman）在《七个天才团队的故事》中提到的创造性合作型领导人。

哈曼说，写作是他学习的最大管道。“因为我会写作，也会仔细阅读自己写的东西，因此更了解自己的思绪以及如何思考。”他也说，自己最重要的人格特质就是好奇心。这位 80 多岁的怪杰表示，他最重视的两个人格特质是“好奇心和幽默感，如果我只能选择两种特质，我会放弃贵族气，可能也会放弃勇气。但是一定要保留这两种，尤其是幽默感。”

让极客和怪杰脱胎换骨的熔炉，其实是一种教育。学会如何学习是他们在熔炉中最宝贵的收获，再加上创意，成为他们和其他人及全世界打交道的利器。霍克告诉我们，为了脱颖而出，你需要“深爱学习，而且拒绝到任何阻止你学习的地方。”你总会学到一些有价值的事物，让你觉得工作起来很带劲。带动极客和怪杰跃向另一个更高层次的是学习，他们都很珍惜这种特殊的力量。

失败带来的教训

西德尼·哈曼重视的好奇心，就是让他能够不断学习、不断冒险、接受新挑战的引擎。他那颗热爱学习的心，让他无惧于失败。他了解冒险之后未必能够如愿，但总是会学到一些事情。从这个角度来看，失败不再可怕，反而可以被赋予一种意义。哈曼说得好：“失败的意义就在于以它为师。”哈曼的好奇心是他不断经历熔炉的动力，在我们提出的模型中，就是“更多的学习，更多的变革，更多的成长”。许多极客和怪杰把渴望学习及成长的心态，视为自己最基本、最宝贵的资产。吉维兹把东方哲学思想当成企业年报一样仔细地研究，使他在快 70 岁时接任美国驻斐济大使，并且能够毫无畏惧地迎接新职。吉维兹告诉我们，他希望死后墓碑上写着：“此人不断精进。”

伊丽莎白·高自幼早熟，功课极佳，大学时和朋友一起创办网络公司。他们认定拥有“杀手级的应用软件”，应该能一炮而红，不料却穷到必须贿赂供电公司才能不被断电这步田地。伊丽莎白・高因为担心付不出账单而失眠，最后终于痛苦地结束公司的运作，回到商学院就读。当时才 22 岁的她不习惯失败，但是仍得面对自己在创业能力上的不足。她并没有怀忧丧志，反而化逆境为顺境。“这次失败让我了解到，我可能不太敢冒险。”她说。虽然遭受严厉试炼，她仍然乐观进取，同时承认自己的优点和缺点。“那段日子里，我也发现自己一些优点……不屈不挠、持之以恒，以及创造力。”

到了福特汽车公司这个相对安定的环境，伊丽莎白・高就能展现她冒险的性格。“我喜欢不按牌理出牌的人，”她说，“我的朋友大多是公司里的叛逆小子，他们都愿意打破成规，也具备勇气。我很重视朋友这方面的特质，他们也让我有勇气挑战高难度，做一些对的事情。”

迈克尔・克莱恩在 2000 年才满 30 岁，是适应能力让他在 30 岁以前不断自我创新。房地产市场的崩盘，让他在 19 岁时就赔掉 2000 万美元，手边只剩下一家软件公司。在他的经营下，这家制作财务分析软件的公司在 1999 年被惠普公司收购。他也创办了电子集团公司（eGroups），让拥有共同兴趣的人能够在网络上沟通，在 2000 年时以 4.32 亿美元卖给雅虎公司。克莱恩能够不断创办企业的主要原因是，他很早就学到如何学习。祖父从克莱恩 5 岁起就成为他学习经商的师傅，克莱恩每天都会打电话给祖父，祖孙两人可以聊上一个小时。

宏观经济虽有起伏，克莱恩仍然能够迅速应变，保持乐观。我们在 2000 年纳斯达克综合指数崩盘的那一天，同时访问了克莱恩和吉维兹。他们在过去 24 个小时中损失了几百万美元，但是仍然对未来极有信心。极客和怪杰都能迅速应对新的挑战。麦柯马克和她的先生杰罗姆·艾隆（Jerome Aron）热爱音乐，经常参加音乐会。由于艾隆不幸丧失大部分听力，他们尝试以不同的方式钻研文化的宝库，如今两个人把更多的时间用来阅读。

下一章我们将深入探讨赤子态在领导之道中扮演的强有力的角色。不过，我们要先说，每一位怪杰都有赤子态，他们都热切地面对新的经验，和传统老年人截然不同。极客也一样，他们都充满精力、好奇心及信心，他们深信世界是一个充满奇迹的地方，像“不散的宴席”般在他们面前展开。

|第 5 章|

GEEKS & GEEZERS

练就领导的魔法

西德尼·哈曼面对一次工厂反抗危机时，为什么能够探索出根本上全新的授权方式，而不只是看到混乱的局面？年仅 8 岁的泰若·丘奇是怎样受是否该使用纸盘子这个有些让人忧心的讨论的启发，萌生出创办一个非营利组织的灵感？

在我们回过头来重新观看访问极客和怪杰的录像时，我们一次又一次地发现了这些问题的答案。在上一章中，我们分析了熔炉以及熔炉在造就领导者中所发挥的关键作用。所有的极客和怪杰，在接受熔炉考验时都具有四项基本技能，这些技能使他们能够在熔炉中成长，而不是被其击倒。其中最重要的技能就是适应能力，领导者可以凭借它化逆境为顺境，愈挫愈强。领导者同时具备的其他三项技能包括：凝聚共识、独特而有号召力的声音以及操守（包括一套强大的价值观念）。本章将深入探讨这四大特质，说明这四大特质是如何造就领导的魔法的。

有的领导者也具备其他能力，比如技术判断力，但是这四大技能（适应能力、凝聚共识、独特声音以及操守）是所有成功领导者的必备条件。当我们找出这四大特质之后，我们马上就认识到它们是在各种文化及情境中的领导者所共有的特质。不仅在数字时代，甚至任何时代、任何公共领域、任何企业及董事会内，这四大技能都是领导者的本质。

正是适应能力让通用电气公司的韦尔奇从只会砍人的“中子弹杰克”，在企业的需求发生改变后，摇身一变成为“授权杰克”；正是因为拥有凝聚一群人共识的能力，美国国父华盛顿激励部队打败装备虽然精良但却领导无方的英军。著名物理学家奥本海默（J. Robert Oppenheimer）以独特的声调主持曼哈顿计划，带领一群科学奇才确保纳粹德国不会先行发明第一颗原子弹。这些领导人都具备强有力的道德观念，他们发出的磁力就像能够吸引百万人追随的圣雄甘地及马丁·路德·金博士那样，我们称这种特质为操守。

这四大特质反复不断地出现在我们与极客及怪杰的访谈中。图 5-1 说明这四种基本技能，以及相关的能力。

本章将说明四大技能如何塑造极客和怪杰的领导之道，并通过其他有缺点的领导者揭示四大技能的重要性。此外，我们也要进一步地说明造就领导者的过程——时代背景的魔法、个人因素以及使领导者从熔炉考验中得到发展的领导技能。

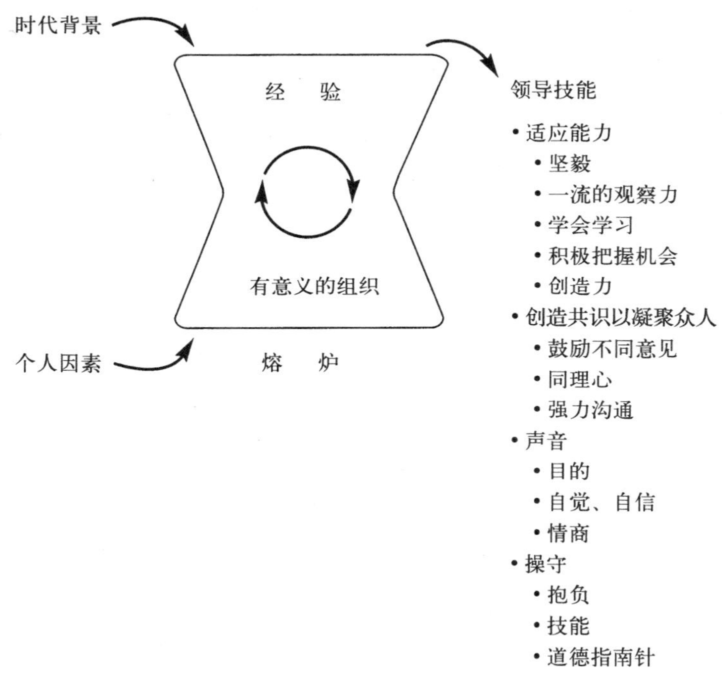

图 5-1 完整的领导发展模型

值得一提的是，有人也许具备领导者所有的必要条件，却根本没有或者很少有机会运用。太多人因为阶级、种族主义及其他各种歧视，使其本身的领导技能遭到埋没，纵使天赋异禀，伟大的领导者也得找到挥洒展现的舞台。18 世纪时美国还是英国的殖民地，却孕育出了多位伟大的领袖，他们在生死关头苦思什么样的政府才适合这块土地的自由人民。美国第二任总统亚当斯（John Quincy Adams）的夫人、领导宗师阿比盖尔（Abigail Adams）于 1780 年写信给丈夫时，一语道破历史熔炉是如何塑造领袖的："这是一个天才渴望生活在其中的艰难时代，而这样的时代会造就伟大的领袖。"

伟大的需要，伟大的领袖

恐怖分子 2001 年突然袭击美国，似乎就在呼唤着伟大的领袖出现。9 月 11 日之前的几个月内，纽约市长鲁道夫·朱利安尼（Rudolph Giuliani）即将卸任，当时外界对他的印象不太好，他和妻子分居的消息又处理不当，更不利于他的名声。当然在"9·11"之后，朱利安尼脱胎换骨了。事件发生几周后，《纽约时报》的弗兰克·李奇（Frank Rich）写道："在爆炸原点，他恩威并施，刚柔并济。在千头万绪的灾后重建中，朱利安尼竟然能够抽出时间，参加纽约一位在 8 月殉职的消防队员妹妹的婚礼，因为事先他就答应要担任主婚人。"[1] 朱利安尼在整个善后过程中不眠不休，废寝忘食，处理大小事务——既包括推迟前总统克林顿去废墟中探访，也包括探讨教会法律是否允许宣布失踪的天主教徒为死亡——通常这需要等过去 7 年时间后才可以——他的回答是可以。他的同理心和沟通能力，展现了他的领导才干，例如他表示：纽约人和所有正人君子都受到了严重伤害，但是他们终将屹立不倒。同样是那些记者，以往不遗余力地批评他，现在也转而撰文推崇他。

美国总统小布什似乎也在同一场熔炉中脱胎换骨，而且转变的幅度更大。事件发生之后紧接着的一段时间，他的表现并不出色，有人不禁要问 ：“总统在哪儿？”这样的问话也是有道理的。但是，仅仅几天之后，一位充满了不确定性的、演讲让人很难留下什么深刻印象的总统，发掘出了他自己的声音。几天后的 9 月 20 日，布什对国会及全国发表长达 30 分钟的演讲，开始走向伟大。

许多人对布什的临场表现大吃一惊。老牌民主党杰拉尔德·波斯纳（Gerald Posner）在《华尔街日报》上撰文描述这个“新的布什总统”，他指出，“布什就像罗斯福或丘吉尔，振奋了全国的士气，也有勇气告诉我们残酷的事实，未来的战役又长又苦，他发誓，那些有意摧毁美国文化和价值的人不会成功。”[2] 波斯纳以前认为，布什演说总是太过僵硬，尤其在有预先准备的演讲稿时。这次，“布什却慷慨激昂，诚挚感人，所有听过他演说的人无不动容。因为我们都知道他不是擅长演说的人，而他演说的力量和强力的演说方式更令人震撼。他跃起抓住了这个最重要的机遇。”

布什总统的演说也展现了四大领导特质。适应能力让总统将其原本用词蹩脚、表达笨拙的演说方式转变为一种力量。他新发掘出的声音充满感召力，凝聚着美国人民和盟国的共识。强烈的道德信念更让他对恐怖分子的谴责不只是政治考虑。波斯纳将危机视为一种有力的催化剂。他写道，“很多时候，真正领导的升华，是在面对巨大的威胁和危险时。”[3]

布什很清楚，这个时刻至关重要，因此决定要把握这次机会，这种能力与本书中的极客和怪杰一样。正像列奥·布劳迪

（Leo Braudy）在他关于荣誉的经典研究中告诉我们的那样，亚历山大大帝在塑造自己的皇帝形象时，就将自己联想成上帝一般[4]。布什总统在与他的朋友交谈时坦言，在这次危机中，他一直受到当代领袖楷模之一丘吉尔的启发。（很巧，朱利安尼市长也深受这位传奇般的沟通大师的启发——丘吉尔在德国对英国发动闪电战之后鼓起了国民的勇气。）布什的演说虽然令人联想到丘吉尔，不过，布什坚持文中不能引用其他领导的名句，他告诉白宫撰稿人，他希望全世界以后记得的是他说的话。这篇演讲非常成功，赢得许多非共和党人士的赞扬。更重要的是，全篇 2988 个精挑细选的字，让布什在全体美国人的面前从一个南方田园生活、很容易下台的哈尔王子（Prince Hal）形象，脱胎换骨成为更像是在家中成长起来的亨利五世（Henry V）[⊖]。

领导之道也算是一种表演艺术，领导者永远得让观众接纳自己，总统也不例外。在 30 分钟的演说中，布什摆脱以往依靠父荫的阴影，建立一个源自父亲但超越父亲的领导者角色。危机期间以及危机之后，布什似乎首次体会到，历史终将对他做出评价。演说之后，布什的支持率达到 90%，创下美国总统历史上的最高纪录，72% 的民主党支持者也支持他所做的危机处理。

布什的脱胎换骨不仅展现在演说上，连他的态度也不同于以

⊖ 在莎士比亚名剧《亨利四世》《亨利五世》中，描写了亨利五世在继承王位前（称哈尔王子）沉湎于声色犬马，不思进取，和放荡的福斯塔夫一伙胡闹，在下层社会厮混，与流氓为伍，使国王惊恐不安。后来在父亲的病榻前立誓痛改前非，率领英军击败了入侵的法军，从而振兴了国邦，成为英明的理想君主。——译者注

往。据说“9·11”事件之前，他的休闲时间较多，如今天一亮就到椭圆形办公室，阅读简报资料，认真程度前所未见。他加强体育训练，增加踩健身脚踏车的时间，甚至减少脂肪的摄取量。他和其他内阁成员互动时也比以往更有总统的威仪，他以前称呼国防部长拉姆斯菲尔德（Donald Rumsfeld）为“拉米”，现在则改称他为“部长先生”。

随着恐怖袭击在时间上远去，我们需要一个更为成熟、精明、复杂的领袖，而不是在事件刚刚爆发后的那个好战、奋发的总统。我们需要一个伟大的领导者，他能够平衡保卫自由与保护公民的权利，能够结束纷争——在事件爆发之前这种纷争充斥着整个政府。但是，至少从现在看来，这位总统当时的表现，即使对许多在投票时选举了其他候选人的民众来说，也还是配得上坐在总统办公室中的。

作家麦克斯（D. T. Max）在《纽约时报》的评论中写道：“战争给总统提供了第二次为自己定位的机会，这是一颗走火的子弹命中后带来的重生。”[5] 从大卫打败巨人葛利亚（Goliath）取得王朝后，战争就是领导者最严酷的熔炉之一，布什因此把握住历史给他的机会。自古以来，战争和领导之道的关系难以分割，这也是足球教练和企业 CEO 都使用军事术语的原因。但是战争不见得具备熔炉的所有特质，包括道德、风险、强迫我们决定何为重要的压力、对智慧和勇气的要求。“9·11”时刻的“伟大时代需要”似乎激发布什、朱利安尼等人的伟大气质，就像第二次世界大战释放了许多怪杰的领导才能那样。对于“9·11”事件之后的领导者，无论他们未来能够成就什么事，一定是凭借这场意外熔炉下培养出来的洞察力和技能。他们势必会跃上另一个层次。

卓越的适应能力

前一章以相当大的篇幅谈到适应能力，但这个特质再怎么强调也不为过。拥有这种特质的人是 34 岁的杰夫 · 威尔克的偶像。他说 ：“罗斯福总统曾经引用过这么一段话，‘只有那些真正上场出拳的人才配得到荣耀，他们流血流汗，见识过光荣，也了解挫折。’”威尔克接着说 ：“我希望认识这些人。我希望认识那些曾经全身心投入某项事业的人，这样的人才有发言权。我希望认识那些曾经失败过，然后勇敢冒险而凯歌高奏的人……这些人是我想结识的那种。”

不屈不挠是适应能力的另一个组成成分。斯凯 · 戴顿也很欣赏自己勇往直前的性格，他会为自己打气，再困难的挑战，也要坚持到底。他回忆说 ：“太多太多的人都告诉我，不可能在此开咖啡店。政府机关给我盖了好几个大戳子——‘不批准’‘暂缓讨论’。我和合伙人花了一个星期，跟城市规划人员泡在一起，直到在法律的现行规定中找到了一个突破口，最终让那位城市规划人员投降——那个人搔了搔头说，‘老天爷，你说得对，看来我非得批准你们开店不可。’不屈不挠和坚忍不拔是最重要的。”

何以领导无方

糟糕的领导之道有时也有指导意义。前文提及的四大技能，以及培养这些技能的特质和能力。有时候这些特质还不如没有。由于不及格的领导表现太常见，因此我们要讨论它。最明显的错误来自企业高层领导者。近年来，企业 CEO 的任期不长，更显现出通用电气公司前任 CEO 杰克・韦尔奇在位 20 年的厉害之处。根据莫林顾问公司（Drake Beam Morin）2000 年的研究，1985 年以后上台的 CEO 遭到开除的可能性是之前任命的 CEO 被迫下台的 3 倍。[6] 同一研究也显示，在《财富》杂志排行前 100 的大企业中，1995 年以来更换 CEO 的比率高达 34%。企业高层的流动率高是普遍现象，而且不仅是在美国或特定产业才出现。全球各企业平均每 10 年会有 19 位 CEO。而且更换的速度越来越快，除了董事会要求越来越严之外，CEO 的薪资高得惊人也是原因之一，CEO 的薪资约为普通工人的 300 倍。近年来，美泰公司、朗讯科技（Lucent）、橡胶女郎（Rubbermaid）、金宝汤公司（Campbell Soup）、可口可乐以及柯瓦德（Covad）公司，都是不到 37 个月就更换了新的 CEO。吉列、宝洁公司、美泰格（Maytag）和施乐公司的 CEO，更是不到一年半就被更换。

就像我们已经说过的那样，莎士比亚作品中描述的古罗马大将科里奥兰纳斯就是“领导无方”的范例。虽然他具备操守和其他优点，但是他欠缺适应能力，也无法凝聚他人的共识，观察力又不佳。[7] 他未能预见罗马从贵族国家转变到平民国家这一重要趋势。他的母亲请他接触老百姓，他反而认为，如果要讨好暴民的话，就会牺牲他的正直。最后，他终于被自己的领导风格所害。

可口可乐公司的科里奥兰纳斯

伊维斯特（M. Douglas Ivester）就是可口可乐公司的科里奥兰纳斯。由于前任 CEO 郭思达（Roberto Goizueta）突然过世，伊维斯特意外接班，但只坚持了 28 个月。他一直未能进入角色，无法掌握组织情境的重点。与他非常具有道德敏感度的前任不同，他对公司内少数族群的员工未能保持同理心，造成黑人员工提出集体诉讼，要求公司赔偿 2 亿美元，就在公司快要输掉官司之际，伊维斯特竟然把公司职位最高的非裔美国人降级。要知道，公司的总部设在亚特兰大，市内的黑人占全市人口的多数。

缺乏情商只是伊维斯特的缺点之一。对于发生在法国的可口可乐掺水事件，他也没有能够很好地驾驭与欧洲方面的谈判，甚至跳到第一线指责对手。最糟糕的是，他不肯承认自己的沟通手腕太差，尽管董事会一再要求，他也不愿找一位比较灵活的副手。所幸，美国企业很大方，以优厚的退职金让他下台。接替他的道格·戴夫特（Doug Daft）提到和欧洲的结盟时说："你们必须从欧洲的角度看它的事情。"[8]

事实上，全球化让企业领导者不仅需要关注自己管理的企业，还要注意世界形势的发展。在当前信息爆炸的时代，信息又经常彼此冲突，企业领导者必须仰赖其他人的智慧与支持。戴夫特并没有点名批评伊维斯特，他只是指出，伊维斯特忽略了公司内部宝贵的信息来源，忽略了那些和他意见不合的忠诚员工。伊维斯特打压不同意见，而戴夫特则认为，“得建立一套制度，避免部属不再告诉你事情，我并不想只听到好消息。”[9]

康柏内部唯唯诺诺的人

康柏前任 CEO 费佛（Eckhard Pfeiffer）也犯了许多和伊维斯特相同的错误。他心中有两份名单，一份是唯命是从的管理人员，另一份则是敢于直谏的观察者，然而他完全不理会后者。费佛的幕僚发现，捷威（Gateway）和戴尔电脑将利用互联网，提供个人量身定制的电脑，如此将让康柏望尘莫及。费佛对他们的建议却置之不理。费佛不仅未注意到其他公司的进步，也未能抓住互联网所带来的机会。他就像科里奥兰纳斯一样，越来越被孤立，既无能也不愿意接触所有员工，终于和顾客及他们的需求脱节。

塞纳公司的强迫沟通

医疗信息科技公司塞纳（Cerner）的负责人尼尔·派特森（Neal Patterson）是典型的“领导无方”。他发送一封电子邮件给干部说：“早上 8 点时，停车场几乎没有车，反之，下午 5 点时停车场早就空了。身为管理人员，你们不是不知道员工在干什么，只是你不在乎……你发现问题就要去解决，否则就会被撤换。我从来不让底下的干部以为自己一周只需要工作 40 个小时。我让你们创造出一种允许这种事情发生的企业文化……如果你是问题的根源，请你卷铺盖离开。各位，这是管理层的问题，不是员工的问题。恭喜，你们就是管理层……是你们使情势演变至此。你们还有两个星期。计时开始。嘀嗒，嘀嗒……”[10]

这种强迫式的沟通（这本来也是一种领导技能）成了毒药。派特森不是这家公司的创办人，他按下的计时器，可能是倒计时计算他自己任期的计时器。派特森以电子邮件斥责管理干部已经够难堪了，更糟糕的是，他忘记现在的员工不再是被动的棋子，而是知识资本。他们不只是公司的资产之一，他们就是公司的资产，理应以礼待之。当前高度竞争的市场中，很多事情都很重要，但是早上 7 点停满车的停车场绝对不是 CEO 该关心的问题。派特森发了这份电子邮件，只证明他崇尚权威式管理，既不肯听，也不观察。这等于公司的自杀信，几天以后，塞纳的股价重挫 22%。

克莱恩知道，派特森不懂得有才华的员工需要被尊重这一道理。克莱恩告诉我们，他大部分时间都花在当啦啦队队长鼓劲加油上，如此才能留住重要的知识员工。这个差事不容易，也不一定好玩，但一定要做。他说，在通用汽车或其他传统产业的公司，“许多员工可以出走，公司还是有一座工厂；员工可以罢工，不过公司还是拥有这些资产。如果我公司的重要技术人员出走，我就一无所有。”因此，克莱恩大部分时间都扮演“心理学家、合伙人及教练”的角色，这些角色需要适应能力。

有些员工抱怨，办公室不够“好玩”，他并没有嗤之以鼻，反而很重视这个意见。结果他斥资 4 万美元为员工办了场宴会，内容包括一面攀岩墙、相扑摔跤表演和一支乐队。

凝聚共识

CEO 和公司的蜜月期通常很短，不过宝洁公司却愿意给 CEO 较长时间。前任 CEO 迪克·雅格（Durk Jager）认为，这个消费产品业的巨人应该现代化。他在 1999 年上任后不久宣布全面改组，并称之为组织 2005 计划。对宝洁公司来说这简直就是一场大变革。原本四个区域事业部将被七个全球事业部取代。原本公司内部的沟通有时候只是一页备忘录，如今要建立即时电子通信网，为了改造位于全球的办公室和工厂，公司派出 54 位改革小组成员。

他在未获得员工支持之前就执行这项改革计划。计划的好坏不论，但他未能让公司上下清楚了解这项计划的迫切性和优越性。他决定裁减 1.5 万个工作职位，这让 11 万名员工心生抗拒。后来员工又发现，公司竟然秘密窃听三位员工的电话，劳资双方离心离德的情形变得更加严重。

雅格对外的沟通也不灵光。他授意 CFO 宣布某季获利增加，事实上当季获利情况是减少的，因而造成了股价重挫。公司撤回了一些在电台和电视播出的反同性恋者广告，但是公司的说明又引起保守的消费者抗议，认为太支持同性恋者。如果公司同心协力，或许可以度过这次风暴。但是股价重挫，媒体报道又极为不利，雅格上台才 17 个月就遭到撤换。事实上，他推动的许多变革都胎死腹中。“事后来看，我们的变革太多，也太快。”接替他的雷富礼（A. G. Lafley）这样告诉媒体。如果雅格能够凝聚他人共识，他可能会成为企业英雄。

更离谱的CEO是华纳柯（Warnaco）的瓦柯纳（Linda Wachner）。她和派特森一样都缺乏情商，尤其是欠缺同理心。2000 年，有人告诉《纽约时报》，“华纳柯公司的成败都亏了她。她有点小聪明，但是她不能光靠自己经营营业额达 20 亿美元的公司。”[11]

没有人有这个本事。成功会让人自大，尤其是无法控制自己情绪的人。她在华纳柯担任 CEO 的 15 年，似乎越来越不在乎别人对公司的贡献及内心感受，最后她于 2001 年下台。根据《时代》杂志描述，她“会公开数落员工未能达成营业及获利目标，或者惹她生气，重创士气。许多离职员工认为她的批评往往对人不对事。”离职员工也指出，她会使用粗鄙及带有种族色彩的语言，不过她根本否认这项指控。如果这是真的，这样不体恤人代表的不只是道德的失败，更是不了解实情的巨大失败。

身为女性领导者，瓦柯纳的担子可能比男性 CEO 重，因为外界对她的要求标准比较高，但是她似乎很懂得如何自毁长城。

不过，每一位领导者都是还没有完成的杰作。假以时日，我们才能知道瓦柯纳的失败是否是她的熔炉，让她学到宝贵的教训，为下一次成功做准备。叶芝（Yeats）⊖写了一首非常棒的诗“给一位一事无成的朋友”——

> 如今所有的真相都已出现……
> 神秘而令人欢喜，
> 因为要知道所有的事，
> 是最困难的。[12]

失败不好受，但是仍有其意义。经历失败的领导者如果还有智慧，也想培养必备的适应能力，就会冷静看待自己的失败，准备把辛苦学到的教训运用到下一次机会上。哈曼说：“失败的唯一意义就是从中学到教训。”

领导的必要工作就是提出愿景，并且说服他人接受这个愿景。我们访谈的每一位怪杰都懂得如何激励他们所领导的组织。美国航空公司前任 CEO 克伦道尔说：“如果你无法告诉其他人你的期望，便无法领导他们。”他又说：“如果你不能鼓舞他人，你也无法有效地领导。”创办 VISA 国际组织的霍克说：“你必须要能说服他人采取行动，这是领导的重要本领。”

⊖ 威廉·巴特勒·叶芝，1865—1939，爱尔兰作家，被认为是 20 世纪最伟大的诗人之一，是都柏林艾比剧院的创始人。他创作了许多短剧，他的诗作成集出版，内容从早期的爱情抒情诗到晚年复杂的象征主义作品，他获得了 1923 年的诺贝尔文学奖。这里摘的这首诗的英文题目是：*To a Friend Whose Work Has Come to Nothing*。——译者注

领导者、追随者及共同的目标

说到头，领导包含三件事——一位领导者，一些追随者，还有一个共同的目标。本书的极客虽然经验相对较少，但是他们知道，领导的第一要务就是提出自己的愿景，然后让这愿景成为他的追随者的共同目标。辛・扬说："领导他人……就是让他们接受你的愿景。""为美国而教"组织的柯普相信，"领导的本质就是让别人动起来，成就伟大的事情。"

有效的领导者不会把自己的愿景强加在他人身上，他们只是召唤志同道合的人。尤其在数字时代，权力会向理念靠拢，而不是向职位靠拢，领导的过程是与员工建立合伙关系，而非领导者高高在上。曾经担任军队护士的邵凌云说："领导的本质就是照顾部属。"她不认为领导者是扮演家长的角色，而是服务员，甚至是仆人。"领导者必须记住，你为部属工作，而非部属为你工作。"这样的真知灼见，可应用在各种不同的情境中，就如李维特在下文中所提及的。

70岁的李维特曾经担任美国证券交易委员会主席，他讲了一段和葛兰姆参议员互动的经过：

我刚到证券交易委员会时就知道我的前任不太受幕僚的欢迎。他非常独裁，也太一板一眼。因此，我没有把最多的时间花在国会和商界，反而开始接触幕僚。我自掏腰包，为各组人员办茶会，和他们沟通，倾听他们的抱怨。

最让我惊讶的是，我得和国会议员打交道，从早到晚都要对他们毕恭毕敬。葛兰姆参议员提出一个金融重整法案，对他和美国都很重要，法案审查期间，他需要我的支持，我傍晚 6 点打电话给他，表示无法接受法案的部分内容。他问：“你现在在哪儿？”我说我在办公室。于是他说：“我马上过来。”结果他亲自上门。

我学到一课，以前我不太可能到别人的办公室，以后我就学会了。

戴顿认为，领导者必须信任及授权部属，这也是凝聚共识的方式之一。“领导很重要的一部分就是信任别人，让他们主导。”戴顿说。他告诉我们一个故事，是他和可能接任 CEO 的人滑完雪后一起下山的经过：

我开的车子车轮太宽，装不上雪链，然而我们得开过一段冰雪泥泞的道路。我以前没有在雪地上开过车，他有经验，因为他来自东岸……我们的车子还一度在原地打滑 360 度，但是他一路上都很冷静。总之，我们很投缘。我知道，未来公司会经历考验，而他在压力下仍能保持冷静。

戴顿能够放下自我，让别人展露长才，这是情商中很重要的一环。此外，他能编出一些寓言似的故事，让部属知道他信任他们。这大概就已经成为管理理论家艾德加·沙因[⊖]所谓的“创始人故事”——这些存在于生机勃勃的组织文化核心的，能够引起共鸣的，由社群形成的故事。

把事情做对

我们从失败中能够学到很多东西，但是研究如何把事情做对的领导者更具有启发性。弗兰克·盖瑞生于 1929 年，是过去 50 年以来最有影响力的建筑师。他独特的后现代建筑风格，把艺术鉴赏性和个人洞察力结合在一起，使建筑物如波浪般浮动，让许多人如痴如狂。有人形容他的作品就像“解冻的爵士乐”。他在西班牙毕尔巴鄂的古根海姆博物馆，吸引了几百万人到这个工业小镇一睹其风采，更是过去 30 年来建筑界的独特现象。盖瑞在加利福尼亚州桑塔·莫尼卡的办公室只有 130 位助手，但他却是一流的领导者，也是当代视觉艺术的塑造者。

盖瑞具备领导者的四大技能。他早在青少年时就表现出很强的适应能力。18 岁时他离开故乡多伦多，前往洛杉矶，很少有人把后者视为建筑的圣地，但这正中盖瑞下怀。他是一流的观察者，一个没有建筑精品的城市就是一张空白的画布，等着他来挥洒。多伦多已经中央化，也太威权主义，洛杉矶则是一个机会。“在

⊖ 艾德加·沙因（Ed Schein），MIT 斯隆管理学院教授，组织文化研究权威。——译者注

洛杉矶可以享受到很大的自由，因为当地没有像多伦多、欧洲城市甚至纽约那样的基础设施，”盖瑞说，“洛杉矶是大西部……也许这是我一厢情愿的想法，但是对我来说，它才是民主。”

盖瑞设计建筑物时，一定要求委托方的最高决策人参与设计过程。他这么做有实际的理由 ：“我坚持这种关系，因为建筑物外观比较奇怪，你必须了解背后的逻辑……你一旦和我共事，了解背后的逻辑，就不会觉得突兀。”他以毕尔巴鄂为例，“大家现在都看得懂这幢建筑物。如果在以前，根本没有人会了解。”

当然除了他的客户。盖瑞解释这种流动钛金属的结构体时，不仅能够让别人了解，更让他们产生一种拥有这幢建筑物的感觉。如果盖瑞不能让客户产生共识，他就罢手不做。他原本要帮《纽约时报》设计新的大楼，后来因为未能达成共识，他决定不做。

盖瑞也鼓励有不同的意见产生。连公司内资历最浅的员工“都知道我不是那种敏感的人，他们看到不喜欢的东西可以直说。”他说，资深的员工也会告诉他，哪些想法过了头，或者技术上不可行。盖瑞说 ：“有了他们把关，我可以天马行空，他们会把我拉回现实，不会让我飘到外太空。”盖瑞愿意听从员工的建议，不但显示出他尊重员工的判断，也有助于巩固员工对公司的忠诚。

声音和性格

盖瑞的工作是视觉媒介，与声音似乎搭不上边，但是他的声音绝对是独一无二的，而且充满自信。盖瑞说，他从团体治疗中获益良多，更了解自己，也更清楚自己和别人的关系。“我开始倾听他们说话，不再对他们妄下断言或干生气……觉得他们浪费我的时间，于是情况立刻得到改善。”“我开始倾听，才发现我们的生命已经联结，彼此融入对方。”

极客和怪杰都有独立于他们的宗教信仰的一套价值观和行为准则，盖瑞也不例外。许多建筑师都有不付薪水的助手和员工，盖瑞坚持公司支付薪水给所有的成员，从他创办公司以来一直如此。许多建筑师会免费接案，以建立知名度，但盖瑞坚持不肯。他告诉准客户说：“我只接收费的项目，因为我得靠其他人帮忙才能完成这项工作，我不愿意白白利用别人。”我们询问盖瑞的客户，他是否准时完工、是否依照预算、客户是否全程参与。“三个答案都是肯定的。”一位大学校长回答。

有人会追随盖瑞这种领导者，并非出于宗教或者哲学，而是他们基于信念、正义感和热情，必须做对的事情。本书的领导者包括基督教徒、天主教徒、犹太教徒及无神论者。无论他们的信仰是什么，他们的行为模式透露出，他们尊重其他人的价值观和权力：这个宇宙中没有人是太阳。

20世纪的一大悲剧是，千百万人追随具有领袖魅力却思想邪恶的人。但在正常情况下，人类会忠诚于正直的领导者，他们打心眼里甚至在娘胎里就知道，这是对的事情。

少数极客和怪杰指出，他们的生命深受特殊宗教引导。加德纳说，他的工作受到新教思想的指引。杜里南神父（Robert J. Drinan）说：“对一位天主教徒来说，他拥有磐石般的信仰，能够带给他平静、安定和人生的方向。我和别人接触时，我相信他们都了解……我不会强加信仰在他们身上，但是我的信仰坚如磐石。”戴顿接受信仰疗法，让他走在道德的大路上，一心想“带给世界正面的影响”。

柯曼永远记得那一天，他的价值观和领导能力受到考验：

哈佛福德学院深受贵格教派的影响，非常强调不诉诸暴力。当时美军在越战中失利，再加上轰炸高棉和警察进入肯特州立大学开枪杀人等事件，我听说有位激进的教师要带领一群学生，把校园内的国旗拔下来焚毁。我也听说，已经解散的美式橄榄球校队的原成员决定护旗，橄榄球队员可以轻轻松松一个打三个。面对可能的暴力场面和焚旗镜头，我看到双方人马聚集在旗杆旁边，我正不知该如何是好时，突然听到一个声音。我走到有意焚旗的学生面前说：“与其烧国旗，不如拿些肥皂和水清洗国旗，再把它升上去。”他们果然这么做。橄榄球队员也就此散去。我不知道这句话从何而来，但是领导有时候也有运气成分。

我们认为，极客和怪杰的宗教信仰应该和别人愿意追随他们无关。工厂员工相信哈曼，不是因为他的宗教信仰，而是他展现出的正直、对员工的尊敬，以及自掏腰包开设钢琴课提升员工生活品质的做法。柯曼受到员工景仰，不是因为他是贵格会的教友，而是他愿意多替别人着想。古斯曼信奉犹太教是他个人的事情，他致力于追求社会正义才和他的领导有关。有些领导者依照自己的道德指南针行动。担任过修女的麦柯马克甘愿被逐出教会也要从事社会工作，因为这是正确的事情。

有一些领导者曾经做出过非常艰难的道德选择，也许他们的追随者并不知晓，但是确实对他们的道德威信贡献良多。有一个例子是王牌教练约翰·伍登，在职业生涯的早期，他曾经拒绝参加一次全国锦标赛，因为该比赛拒绝他的队伍中的黑人运动员平等参与。

一些极客和怪杰把自己的道德教育归功于家庭成员。非暴力运动人士查克迪安告诉我们，她的祖父母是亚美尼亚大屠杀的幸存者。“我因此对世界有了自己的看法，也清楚自己要做什么，”她解释说，“世界上的仇恨和痛苦太多，我们必须设法化解。”康宁汉记得父亲使用某些药厂的产品，但却拒绝接受药厂的报酬，而是时时为病人着想。“显然金钱不是他工作的动力来源。”康宁汉说。他的父母教给他的是，“主要看你能为他人及社区做些什么，这应是你第一优先的想法。”

操守三脚架

最后，我们探讨领导者的第四项技能：操守。我们得先承认，先前使用太多和操守略微有关的字词，如道德指南针、道德标准、行为准则、价值观、伦理、性格、声音、理想、信仰、意识形态、原则、理念等。类似声音、性格等许多字词出现在前面的章节，在某种程度上它们都和“操守”这个词有相似之处，所以我们得赋予“操守”一个更精确的意义。（我们甚至想过要造一个新词——integritous，因为那可能是最方便和快捷的方式来形容我们的极客和怪杰。万幸的是，我们的美学细胞战胜了这个念头，最终我们放弃了这个恣肆的打算。）现在我们从“操守”这个词谈起，希望能够精炼出它准确的含义。

领导者的操守可分成三个部分：抱负、技术能力及道德指南针，三者鼎足而立，才能保持平衡。抱负就是达成某些事物的欲望，也许是为了小我，也许是为了大我，或者两者兼具。能力包括一些基本的经验与技能。道德指南针包括分辨善恶的能力，以及承认个人是人类社会的一分子。正直的领导者都能在三者中保持平衡。一旦某一部分主控领导者的行为，这个三脚架就可能失去平衡。以抱负来说，没有抱负，领导者就没有愿景，也缺乏变革的动力。但如果过于强调抱负，可能就会成为野心家。

野心勃勃不只发生在政界。阳光（Sunbeam）公司 CEO 邓洛普（J. Albert Dunlap）捏造自己的资格证明，靠着欺上瞒下才一路爬上企业高位。在这位号称“锯链艾尔”（Chainsaw Al’s）的骗行曝光前，外界早就看不惯他的行径。阳光公司的竞争对手温米尔控股（Windmere-Durable Holdings）公司 CEO 弗莱德森（David Friedson）认为，邓洛普是一位“没有价值观、没有荣誉感、没有忠诚、没有道德的人，然而他在我们的文化中却被视为经营之神，真让我受不了。”最近安然（Enron）公司所发生的舞弊案在道德上向领导精神提出挑战，再加上安达信（Arthur Anderson）公司为其审计，邓洛普道德上的瑕疵也只能算是小巫见大巫。总之，没有道德指南针的抱负，就是赤裸裸的破坏。

接下来谈谈能力。电子商务界许多科技专家过于依赖科技，未能培养出一些和机器无关的技巧，这将危及他们的领导效能。推至极端，他们会成为只看重数字的怪物，无法满足组织许多和科技无关的需求。哈罗德·詹宁（Harold Geneen）在国际电话电报公司（ITT）的日子虽然风光，但是他过于注重信息、事实、数字、图表，也让领导绩效大打折扣。

这个问题非常复杂，却不容许规避或者和稀泥，因为在这个问题的映照下，“官僚体制”这个最成功的人类机构，就显现出其中的智慧和矛盾：智慧在于社会学家马克斯·韦伯（Max Weber）所推崇的理性；矛盾则是社会学家米尔斯（C. Wright Mills）多年前所指出的，理性和合理之间的紧张关系。[13]

通用电气公司下属单位多年倾倒多氯联苯到哈德逊河里，美国环境保护署为了疏浚及清淤问题与通用电气公司发生争执。通用电气公司CEO杰克·韦尔奇是当代最有名的CEO之一，也是我们敬重的对象之一，他认为，环保署的决定相当愚蠢，因此他坚持反对意见。我们认为，他的看法可能没有错。通用电气公司不愿意进一步翻搅河床的沉淀物，恐怕未必不理性。但是通用电气公司理性的成本效益分析，恐怕也未考虑到周边社区、环保人士、劳民伤财的诉讼过程，以及造成极度负面影响等问题。反对环保署措施的决定似乎很理性，但是它合理吗？当人类机构越来越理性之际，领导者必须警醒：在欠缺道德指南针的情况下，强调理性可能沦为米尔斯所说的“空洞的理性”。

领导者必须清楚地知道界限在哪里，并设法维持抱负、技术能力及道德指南针的平衡。但是许多伟大的组织和领导者都缺乏时间思考道德及伦理方面的问题。曼哈顿计划接近尾声，也就是原子弹快要完成时，部分科学家才开始考虑到他们所作所为的道德问题。玻尔（Niels Bohr）等人才觉悟到，原子武器扩散将是一场人类浩劫，必须设法防范。但是在计划主持人罗伯特·奥本海默领导下的那群天才科学家，却无法抗拒制造原子弹这个挑战的魅力。对他们来说，这是诱惑难敌的香草，就像奥本海默在答应领导这个计划时所说，“这是一个求之不得的难题。”[14]

以上讨论的是野心无限加上天才洋溢，却缺乏道德指南针的情形。那么，如果拥有道德指南针，却缺乏抱负或者能力，又是什么结果呢？这是一个更复杂和困难的问题，让我们陷入认为三脚架中的一个比另外两个更不重要的陷阱中。毕竟，我们又能想起多少有很强的道德指南针却没有能力和抱负的例子呢？当我们跟学生和朋友谈及这个问题时，他们常常错误地把目标对准像吉米·卡特或者特蕾莎修女这样的名字。特蕾莎修女的抱负和能力都是不朽的传奇，而吉米·卡特，不管你认为他做总统是否算得上成功，他毫无疑问地具有很强的抱负和能力。唯一比较明显的例子就是莎士比亚笔下创造的人物——哈姆雷特，他为了报杀父之仇而后快，绝对具备道德指南针。他非常有原则，但软弱无力而且漫无目标；他的剑都刺到了错误的地方，杀害的无辜人士和局外人一样多。

其实现实中的确有这种人，例如柯林神父（Father Charles Coughlin），他们具有领袖魅力及令人着迷的理念，很容易让人陷入虚假的美梦和致命的愚行。拥有强烈的道德指南针，却没有技术能力或责任感，就像空有野心却无道德指南针一样危险。前者虽然无意伤人，却很可能妖言惑众。

言归正传，我们继续探讨操守这个词的意义。历史学家阿瑟·史勒辛格（Arthur Schlesinger）曾经说，20世纪人类的命运由几个人所左右：列宁、斯大林、罗斯福及丘吉尔。他们都是影响深远的领袖。他们都具备明确、洪亮及强有力的声音。威廉·詹姆斯，以他自己的定义，称他们为“有性格的人”（men of character）。[15] 声音、性格、大时代，都没问题。我们认为他们都是很可信的、“真实的”。他们也都深信自己的终极目标。事实上，这几位20世纪的伟人不仅拥有极客和怪杰的声音特色，声音也是他们成为成功领导者不可或缺的因素。

从林肯到曼德拉等我们最景仰的领导者，都能让操守三脚架保持平衡。大部分极客的操守还没受到考验，但他们知道保持平衡的重要性。

本章之初曾经提到领导的四项技能：适应能力、凝聚共识、独特的声音及操守。经常阅读有关领导书籍的读者，应该不陌生。不过，以往他们都是单独成为领导的标准，未被视为人类发展理论的四个相生相息的因素。这是在我们研究极客和怪杰时，最令人惊叹的发现：让人能够终生领导的因素，就是个人在熔炉中学习的人格特质。此外，这四项因素也是让人健康、完整的因素。

好奇心与赤子态

我们在观察怪杰时，总是对他们的好奇心和赤子态惊讶不已。一位与我们讨论这项研究的朋友认为，这些上了年岁的领导者所表现出的这种不寻常的活力是拒绝承认痛苦现实的结果。不，完全不是！怪杰能够很务实地评估自己的能力和局限性。都会活动家桑代姆（Walter Sondheim）在 85 岁及 90 岁时分别写信给朋友，万一自己的能力在衰退，请他们提醒他。"年纪越大，越少人愿意告诉你，你的能力在走下坡，应该急流勇退，"桑代姆说，"我很怕会这样，因此请他们若发现我有这种情形，就匿名写信给我。"

怪杰不会否认自己年华老去，却不肯被年龄所限制。他们虽然成熟、洞察世事，还有其他能力，但仍然热切地期待下一次冒险。他们准备跃向另一个未知。小说家亨利·詹姆斯（Henry James）写过，"我充满累积的资源，我只有运用它们、坚持到底，再完成一些事情，人生对我来说，就是继续往前冲……什么都尝试，什么都做，什么事都成就。"[16]

这也是丁尼生笔下的尤利西斯（Ulysses）的心态，是一种"虽然剥夺了许多，但是还有许多留下"的信念，以及"还有许多伟大事情没有做完"的信心。每位怪杰都像尤利西斯一样，拥有一颗“饥渴的心”。他们着眼于未来，而非过去。他们执着于生命，也受到生命的激励。

这就是赤子态。赤子态，就是在成年之后仍然保有幼时的特性，是一种进化的动力来源。古代特殊种类的狼具有小狗的特质，最后终于能够进化为狗。几千年来，人类喜欢这些类型的狼，因为他们具有友善、可亲、最好奇、最不至于突然攻击人类等特征，简单来说，这些狼和小狗一样。

赤子态具有再生的力量

最近，研究认知的科学家发现，某些生理特性及行为能够激发成年人呵护幼者的反应。婴儿和幼犬就具有这些生理特性及行为。婴儿的眼睛特别大，能够毫无畏惧地直视成年人的双眼。婴儿看到成年人时，通常会微笑，让后者觉得自己是宇宙中心。研究也发现，照顾婴儿及与其亲密互动，会让母亲体内产生一种稳定情绪的荷尔蒙催产素（oxytocin），正好可以克制可体素（cortisol），后者是人体有压力时会产生的荷尔蒙。婴儿的面貌和行为，让成年人体内释出催产素。婴儿自然能够吸引成年人成为他们的照顾者，这是脆弱及还未发育完的生物要存活的必要技能。

苏联科学家 40 年前开始在西伯利亚养殖银狐，希望培育一种比较驯服的新品种，未来容易取用它的皮毛。这项实验持续了 40 年，在繁殖了 35 代之后，新品种的银狐与其说像狐狸，不如说像狗。外貌的变化非常明显，有些银狐的耳朵简直和狗一样，更令人惊讶的是，由于新种银狐讨人喜爱，竟然和饲养它的主人建立特殊的感情，后者想方设法希望能够保护这些动物不被屠杀。

在许多领导者的熔炉体验中普遍存在的导师与学生之间的关系也可以用类似的过程来解释。导师从潜在的学生身上看到精力及热情——我们可以称之为“睁大眼睛的热情”——就激发了一些最原始的愿望，想哺养、想教育、想保护。不管导师如何判断自己是否准备好了花时间和其他资源在学生身上（也许是回馈社会或者“她好像年轻时候的我”），但导师倾心奉献的真正原因可能和时间一样古老，和化学反应一样必然。简言之，良师本身从生理上有所得，催产素增加；同时，导师从社会性上也受益，无论是得到友情，成为知音或者是教学相长，有机会了解年轻一代人非常难以接触到的一些东西。这也许是进化的益处——与一个年轻人发展紧密的关系，对于力气和生理逐渐衰微的人来说，也具有进化的意义。而赤子态这种弥足珍贵的特质，甚至就已经是这些导师在教导过程中的一种回报了，不管他们或者学生是否已经意识到。

值得一提的是，导师这个字来自希腊神话，奥德赛（Odysseus）要长期外出，拜托好友曼托（Mentor）照顾自己的儿子，曼托代表两性的智慧。让智慧代代相传是导师的主要功能，但这是双向互惠的关系。古希腊诗人荷马所描述的这种关系，在现实生活中的海伦·凯勒（Helen Keller）及安妮·沙利文（Annie

Sullivan）提供了绝佳范例。众所周知，沙利文激活了海伦·凯勒这位又盲又聋的年轻人的智慧，比较不为外人所知的是，安妮·沙利文也变成盲人之后，正是凯勒教她学习的盲文。

我们猜想，所谓的领袖魅力（charisma）——这种从来难以确切定义却让我们都很着迷的特质——其实就是赤子态。领袖魅力也会让人不由自主地为这位领导者服务。而这些被敬仰者，不只是得到赞颂而已，更得到了其他无形的收获。在诸多马太效应中（穷者愈穷、富者愈富），就有无尽的激励和鞭策（促使持续的学习）和可以依靠的外在的对于自尊的支撑。

无论是否算上领袖魅力，赤子态都是值得珍惜的宝物。我们相信，这是怪杰最大的秘密，让他们无论生理状况如何，都能够不断领导、学习、常乐。

青春永驻

前面已经讲过，赤子态的意思是，人到年老仍未丧失年轻时的天性。一位格兰特研究的受访者被问及他从他的精神分析中得到了些什么。他回答是，他不再咬指甲了。他说，“我现在比 7 岁的时候更像自己 4 岁时的心态。”维伦特说，“4～5 岁时，我们都是浪漫主义者，我们都是孕育中的皇室贵族、含苞待放的芭蕾舞者或者大胆的太空人，我们都坦然无惧、开放、热情且美丽。”[17] 但时间、失去朋友和亲人，还有一个通常对于老人的价值缺乏认可的苛刻的社会，都让我们付出代价。但是，那些永远都只有 4 岁的人——至少保持着那些主要特质的人——不会花时间去忧伤失去什么。在如今“个人潜力运动”的时兴语言中，4 岁的人永远“活在当下”。他们不会只注意到自己，他们活在和别人的关系之中。他们不会花很多时间自怨自艾，他们忙着爬树、找青蛙、用泥巴做饼。他们有太多的事情要做。不管是 80 岁的老人还是学龄前的幼儿，他们那种积极接触世界的表情，都一样引人注目。

克莱恩很清楚，他和孙子是教学相长。作家柯文（Norman Corwin）年已百岁的父亲每天会问他：“你有没有保持一颗热切的心啊？”赤子态的人把保持头脑活跃作为功课来做。常保赤子态的怪杰还像年轻人一样运用他们的身体。快 80 岁的高尔文会玩冲浪板，甚至当起老师，他的学生包括日本索尼公司的创办人盛田昭夫。证券交易委员会前主席李维特喜欢长途旅行。盖瑞和洛杉矶市前市长李奥丹仍在同一队打冰球。本书的怪杰中，有六位非常热衷于打网球，经常打败年轻的对手。贝提·戴维斯（Bette Davis）说过：“胆小者不适合老年。”年华老去是每个人必经的熔炉之一，许多怪杰最后也许都得放下网球拍，寻找比较不需要体力的方式考验自己。但这些领导人最懂得适应，他们会找出最好、最有意义的方式过日子。极客和怪杰都一样，每天早上起床后就立刻又爱上这个大千世界。

|第 6 章|

GEEKS & GEEZERS

热情追求人生承诺

在描述极客、怪杰以及他们经历的熔炉时，我们经常会讨论到导师的作用[⊖]，导师最伟大的教诲莫过于“永不停歇的学习能让人过着善良与幸福的生活”。怀特（T. H. White）在《过去和未来的国王》（*The Once and Future King*）一书中描述，梅林（Merlyn）就是这样教导后来成为亚瑟王（King Arthur）的王子最重要的本领的。这位魔术师，也是年轻王子全方位的贤明良师，告诉王子，人生唯一靠得住的止痛剂就是学习。“悲伤最大的好处，就是能让人学习，”梅林忠告说，“这是唯一永远屹立

⊖ 词语 mentor 是指良师——职业生涯中，能有一个“导师”，一个忠实而又聪明的顾问来指导你的职业发展，尤其是你的提升，不失为一个好办法。这个词来源于荷马英雄时代，从一个希腊人名经拉丁文演化而来，在法语（1749 年）和英语（1750 年）中成了一个意为“贤明的顾问”的普通名词。Mentor 对于“贤明的顾问”是个合适的名称，因为它在希腊语中可能有“顾问”之意，而且源自印欧语的词根 men-，又有“思考”之意。引自《美国传统辞典》。——译者注

不败的事物，唯一不会让人心力交瘁、疏离隔绝、饱受折磨的事物，也不必愁烦怀疑，或者枉自悔恨。”[1]

在撰写本书的最后阶段，当我们反复分析我们的发现时，再一次被这样的事实所震撼——极客和怪杰都是超一流的导师。他们就像梅林那样，充满力量地给我们以教诲，指明未来重要的发展趋势。我们将会在本章后面的部分讨论其中最重要的一些，包括我们的发现对于个人、组织以及社会行为的启示。不过，在讨论之前，让我们先回顾一下我们都发现了些什么。

时代背景的差异

如果说在研究之前我们就有什么预想的话，那就是时代差异——从第二次世界大战这所严格苛刻的大学毕业的领导者，和当前新经济孕育出的领导者在个性、风格以及抱负等方面会存在着极大的差异。因此，在访谈过程中当我们发现时代背景对整个一代人造成的深远影响时——无论是世界观还是对鞋子的共同喜好——我们并不感到非常惊讶。最终我们发现，极客和怪杰还有一些与时代背景相关的深刻差异。在25～30岁时，所有怪杰都想在业界中找到一个可以安身立命的地方。他们梦寐以求的工作就是在一个可以一直干到退休的组织中赚取一份可以养活家人的薪水。大部分怪杰看到了一个非常传统的事业轨迹，每份工作都会干相当长的一段时间，如果不是干上一辈子的话。而大部分极客的工作生涯就没有这么明确，他们的生涯规划比较像是由画家达利（Salvador Dali）设计的高速公路交叉道，都是一些还没有画在地图上的路线，路况也不太清楚。极客愿意把自己的职业生涯看作充满想象力的行动，符合他们时尚的冒险——通常都是和他们的同龄人一道——并且，如果这一次的冒险失败了的话，他们愿意放弃，去尝试其他的冒险。

另外一个差异在于个人生活和工作之间的平衡。大部分怪杰都是男性，他们的配偶自然会打理他的个人生活，因而怪杰不必担心平衡的问题。此外，大部分怪杰是工作狂，而且也引以为荣。但极客非常在意平衡。他们夹在事业野心、个人实现甚至精神生活的欲望之间。正在养育下一代的人更是“一支蜡烛两头点”。社会变迁当然是怪杰和极客不同的部分原因。1970年，长久以来一直在职场中被边缘化的美国妇女开始进入职场，但是距离真正的平等为时尚早，职业妇女一下班就必须急着在托儿所关门前赶到去接孩子。不过，女性如今开始在工作上崭露头角，甚至开始决定游戏的规则和目标。极客在满足基本需要方面比上一代更有信心，但这不代表他们为了工作可以不顾一切。事实上，甚至在他们自己创造出来的新的工作中，他们也会在工作场所备上电子游戏机、健身用蹦床、蒸汽咖啡机和其他有趣的设备，而这些有些奢侈的特殊待遇，在“新经济”开始走味的同时也都立刻消失不见了。

我们所发现的另外一个显著的差异便是，当我们向这些极客与怪杰询问他们心目中的英雄人物时，得到了截然不同的回答。怪杰所提出的英雄都是举世公认的大人物，例如罗斯福总统、丘吉尔首相，而极客则是会列举出自己至爱的父母或其他家人亲友。这种对于英雄人物认知的差异，更加深了我们心中已经存在的一种观念：伟人已死，组织越来越被理解为一个联合体式的东西，而不是某个个人拉长了的身影。作为一个结论，我们开始把这些极客——至少是其中绝大部分——看作一群无英雄可崇拜的人物。正如伊丽莎白·高所解释的那样，她和她同年龄的人都是"钥匙儿童、离婚环境中成长的产物、政治制度受到污染后的产品……我们不会崇拜什么理想国，我也不认为我们这一代人相信有理想国存在。我们根本就不可能创造什么理想之地。根本就没有乌托邦。"

但是 2001 年 9 月 11 日之后，片刻之间，一切都变了样。以往，美国文化似乎丧失了分辨"英雄"和"名人"的能力，如今，在恐怖袭击的惊醒中，这种能力恢复了。已经很久没有英雄出现的美国，一夜之间出了数千位英雄，其中许多是消防队员。我们不知道这种现象能够持续多长时间，但是美国及大部分欧洲国家再度相信英雄主义，也期待有英雄形象的领导者的出现。"9·11"事件后出刊的《人物》(*People*) 杂志，除了介绍歌星麦当娜之外，也出现了回顾温斯顿·丘吉尔首相的文章，丘吉尔在第二次世界大战期间以滔滔不绝的口才凝聚起了一个国家民众的共识。

异中有同

尽管我们列出了这些怪杰和极客的时代差异，但也惊讶地发现两者之间令人着迷的相似之处。两代人都能在一个复杂混沌的环境[⊖]中力争上游，有时候甚至刻意寻求充满挑战的失序状态，只不过这种有意寻求的挑战比起突然冒出的险恶要容易应付得多。极客长大成人的时期适逢变化愈来愈快的时代，如今面对信息经济低迷，他们正在接受考验，去了解自己反应敏捷、处变不惊的程度。在怪杰年轻的时候，只是在经济大萧条和第二次世界大战之后才有过这样动荡不安、变幻莫测的体验。在享受过可以预见的传统式的成功之后，许多怪杰也变成了“系列冒险狂”——一再冒险犯难，跟充满创业精神的极客之间唯一的差别只是怪杰的履历更长些。

相同之处不止这些。无论处于什么时代，本书所访谈的领导者都是撰写人生的作者，也是对自己人生的评论者。在整个访谈中，每个人都针对人生的重大事件说出了一个引起共鸣的故事。这些故事绝不是什么自吹自擂，而通常是一个通往英雄之路的变数，是一次考验他们自身的故事——有时是很痛苦的回忆——最终他们都能凯歌高奏。他们得到的奖品，通常是认识这个世界、发现自己，或两者都有，并且改变了他们的一生。每位领导者都觉得，他们因此获得的洞察力，是即使付出得再辛苦也是值得的。他们都学到新事物，也都比以前更成熟。他们的故事对于其他人来说，是一种阐释、一种愉悦、一种吸引，而且常常引领他人进入到这些讲述者的境界中。无论他们的人

⊖ 作者在此处用了一个自创的词汇——messiness，来形容这种“乱境”。——译者注

生如何，他们觉得自己都积极地参与人生，如果不算是“主宰”命运的话。许多人为了一些个人的损失而悲伤，但是没有人感到悔恨。

我们一开始的目标，是想找出如何培养领导力，以及如何持续领导的方法。我们一次又一次地从不同的怪杰身上看到了相同的模式——即使周遭的世界不断改变，他们仍然是有效的领导者。事实上，像是变化所带来的一个结果，他们的领导在变化中反而变得更有效。现有的领导理论，无论是基于个人特质，还是基于情境解释，都不足以清楚地解释摆在我们面前的这些丰富的数据。为什么时代背景、个人因素、特定的关键技能——最重要的是适应能力，其他还包括通过凝聚共识激发他人的能力、声音、操守等——在关键的经历或者事件中能够让一个人脱胎换骨？现有的领导理论无法恰当地解释这当中的动态过程。我们扪心自问，为什么有人能够从体验中萃取智慧，有人则是体验的受害者？要回答这些问题，我们必须提出一套造就领导者的新理论。这套理论能够说明并且预测谁有可能成为领导者，并能持续领导众人；也能说明一个与此并行的、个人成为终身学习者的过程。

当我们一再听取领导者诉说他们的“关键时刻”的故事时，发现了这套新理论的核心。每一个自传故事的核心都是一个熔炉，正如本书第 4 章中所描述的那样。熔炉是我们所需要的一个意义广泛的术语，包含了书中领导者所经历的所有脱胎换骨的事件，从泰若 · 丘奇对使用纸盘子的看法，到莫瑞尔 · 希伯特对抗“男性俱乐部”似的华尔街文化。许多领导者在经历一个接一个的熔炉后彻底改变。这些体验经常是考验和决策的时刻，现有的价值观会受到反省、强化或转换，领导者可能会考虑或选择新的角色、身份，每个熔炉都是一个孵化器，令他们对自己产生新的洞见、观念及认知。通常这些令人脱胎换骨的事件是令人伤痛的，它有时存在于一场战争中，有时则是像了解到自己能够决定他人的生死这样的时刻。这些体验是让人清醒的、让人兴奋的、让人有力的。无论这些熔炉体验是参战、投入另一种文化、受到导师的指导或克服恐惧，都会让人创造出一段故事叙述，内容则是他如何遭遇、克服挑战，蜕变为一个更新、更好的自我。由于这样的故事通常极具说服力，往往启发他人见贤思齐，成为讲述者的追随者。

当我们反复阅读这些不断积累起来的自传体故事时，让我们留下深刻印象的一点是：这些故事都是有关讲述者如何教育自己的。尽管每一位领导者都有一种独特的方式去讲述它，但是其实他们都像 3000 年前的希腊智者梭伦[⊖]提到自己时所说的，“逝去的年华并非虚度，他每一天都在获得新知。”学会如何学习可能是极客和怪杰在熔炉中最大的单项收获——把这项本领学到手，在今后应对这个世界上的其他人时就可以有所依靠。如果再结合上创造力，我们的领导者就能所向披靡。

在访谈中我们还不断发现，我们所访谈到的领导者都非常具有亲和力，无论他们从事什么领域的工作，或者拥有什么成就，

⊖ 梭伦（Solon），公元前 638—公元前 559，生于雅典，公元前 594 年当选为执政官，也是一个诗人。有名言传世——“认识你自己”，人们把它刻在特尔斐神庙（Temple of Delphi）中。——译者注

几乎所有人都是你愿意花时间亲近的人。如果你在社交场合遇到他们，一定不愿离开。这些特质包含智慧和美丽，许多人两者兼具，总之都和年龄无关。他们有一种特殊的气味，一种能量[2]。用青春洋溢还不太能够形容。我们一而再，再而三地看见这种特质。因为惊叹和意外而扬起眉毛，对体验抱持的开放态度，一种不自觉的坦率，一个顽皮的微笑，或是会传染别人的大笑，机智、弹性、好奇、精力充沛，对于积累经验几乎是到了如饥似渴的程度。这些本都是有才气的孩童的性格，然而我们却在思虑周详、聪明睿智、讨人喜欢的成年人身上发现。我们开始把这种特质（这种吸引他人、充当社会交往润滑剂的特质）称为“赤子态”。我们经常无法分辨“赤子态”与“魅力”（charisma），这种神奇的特质不断吸引人们接近这些年老的却是终生领导者的怪杰，使他们永远都有支持者和舞台。

弹奏任何一首歌曲

随着我们花越来越多的时间试图找出那些让有些人能够终生领导的品质和情境，我们想起了一个与本书主题有些许相关的故事——不过这个故事是发生在我们的作者身上，而不是我们的访谈对象身上。本书两位作者之一在经过了多年的迟疑之后，终于斗胆向一位钢琴老师讨教：不需要每周上课就能弹奏一些歌曲并且看得懂琴谱是否是可能的。这位老师不禁纳闷地问，为什么我们只想学会“一些歌曲”。我们的回答是，为了圆一个梦想，为了创造出一些美丽的、令人愉快的声音出来。她皱起眉头回答说：“可以，一个人可以学会一些歌曲。”可是，只过了片刻，她便又兴高采烈地问道：“想不想学会弹奏随便任何一首歌曲？”

以此来比喻的话，怪杰（以及部分极客）是学会了领导之道的每一首歌曲的——不仅是如何管理一场危机，也不仅是如何延揽新人，更不只是如何说明组织的愿景，这些他们都会，而且本事还有很多。有趣的是，当我们请极客和怪杰说明他们的领导理论时，大部分人都无法滔滔不绝。可是如果请他们说明在特定状况下如何发挥领导才能，他们就可以说个不停，从挑战、背景、他们的策略、风险、参与的人，最后则是他们处置得当或失当之处，以及其中的意义。他们都是一流的观察者，善于观察别人和自己，反省更是他们的本性。他们在接受访谈当中经常会停下来，质疑自己刚才说的话。结果是他们经常会加以更正。这些尽管只是很小的体验，却使得领导者根据最新观察到的现象即时修正、改变方向——这是“响应型领导之道”最迷人的例证——显然他们在不断地学习。他们从各种情境中都能学习的习惯，在访谈中显现无疑。他们也从不会表现得消极。他们像喜欢教导一样喜欢学习，因此常反问我们一些问题。例如，我们从到目前为止的研究中都学到了什么、其他人如何回答我们的问题、我们为什么会询问这些问题、我们自己的答案、我们生命中的转折点是什么[⊖]。显然他们不愿意花一两个小时只是接受访问，而自己从中毫无所获。

⊖ 此处原文中的 we/our 都是斜体，代表作者，强调是访谈对象反问两位作者。——译者注

在访问快结束时，我们做过一个小实验。研究的核心问题是，极客如何变成怪杰？为了回答这个问题，我们两人各自列出一份名单，预测哪位极客会成为怪杰。结果，两份名单竟然相同。无一例外！这让我们对这项研究的成果更有信心。同样，在我们阅读了乔治·维兰特等人关于成人发展的最新研究成果后，我们的信心也在增强。在观察了当今出现在我们身边的领袖后，我们的信心进一步增强。经济不景气及打击恐怖主义，是全球性的熔炉，虽然每天都有人因此怀忧丧志、一筹莫展，但我们也看到这些熔炉每天都造就出一些领导者。媒体也提到过适应能力的重要，以及其他我们所提及的领导技能的重要。

我们从一开始就认定，我们的发现放之四海而皆准。我们比以往更相信，极客和怪杰的性格及态度能够提升所有重要领域的领导力：公共领域、组织内及个人生活中。本章的其余部分将探讨终生领导的实际应用层次和带来的回报，无论是个人生活中的还是职业生涯中的。

领导者都到哪儿去了[⊖]：谈国民兵役

我们先从总体方面来谈。“9·11”事件后，社会开始再度崇拜老式的英雄，很长时间以来不再时髦的牺牲小我及服务公众的理想也重新流行起来。无论年龄老少，无论是自由还是保守阵

⊖ 此处作者有意借用了20世纪60年代著名反战歌曲“Where have all the flower-sgone”的句式。——译者注

营，大家对于纽约市消防队员、警察及其他人冒着生命危险进入燃烧中的世界贸易中心救人的英雄行为，无不感动落泪。一年前，美国人在意的是股票期权，如今大家忙着捐钱、献血，表达对受害者的哀痛及个人的爱国情操。甚至原本不喜欢以牙还牙的人、不愿因反恐战争而失去个人自由的人，面对美国国旗及它所代表的正派的、多元的社会，也变得热血沸腾。

这起恐怖袭击事件的意义和影响可能需要多年才能将其处理妥当，但是美国及世界上大部分的人都迫切需要英雄式的领导者。鲁道夫·朱利安尼在一夜之间变成了媒体所言的“戴着棒球帽的丘吉尔”，这只是其中一个例子。美国近年来领导真空的情形越来越严重，而“9·11”事件则让世人关注到了世界范围内领导者短缺的现象。美国建国以来，战争是危机，也是转机。60 多年来，美国在科技方面的长足进展，是范内瓦·布什[⊖]等有识之士为了准备第二次世界大战所建立的基础。电脑和互联网只是

⊖ 范内瓦·布什（Vannevar Bush），1890—1974，一位具有 6 个不同学位的科学家、教育家和政府官员，与 20 世纪许多著名的事件都有着千丝万缕的联系，其中包括“曼哈顿计划”、硅谷、互联网等。正如历史学家迈克尔·雪利（Michael Sherry）所言，“要理解比尔·盖茨和比尔·克林顿的世界，你必须首先认识范内瓦·布什”。从 1919 年起直到 1971 年，布什长期在麻省理工学院工作和教学。从 1930 年开始，在麻省理工学院担任电子工程学教授的布什造出世界上首台模拟电子计算机。20 世纪 40 年代早期，作为罗斯福总统的科学顾问，范内瓦·布什组织和领导了制造第一颗原子弹的著名的“曼哈顿计划”。其后，他先后参与了从氢弹的发明、登月飞行到“星球大战计划”等许多重大的科学技术工程。美国政府依据布什的建议和构想批准成立的国家科学基金会（NSF）和高级研究规划署（ARPA）等科研机构保证了美国在尖端科技领域的长期领先地位。——译者注

两个例子而已。第二次世界大战也是带动经济增长及社会变迁的强力引擎。反恐战争是否为一场战争还无定论，但它毫无疑问绝对是孕育新领袖，让他们找出并解决重要问题的千载良机。

恐怖袭击事件后不久，本书作者之一去到威廉姆斯学院（Williams College）演讲，许多资质极佳的年轻学子争相询问："哪里可以入伍从军？"说实话，这些年轻男女并非本来就非常愿意加入部队或其他那些受到极大限制的机构。但是这起事件几乎让所有人都了解到和平时期不太会想到的重大问题：如果人生如朝露，我该怎么过？该从事什么活动，才值得走这一遭？如何能发挥我的所长？

"9·11"事件后，许多人开始了解自己是群体中的一部分，急于为自己找到一个有意义的角色，还未开始就业的年轻人，和大部分人一样，都想做点在车旁插上美国国旗以外的事。数以百万计的美国人开始经历熔炉，他们质疑自己以往的优先次序及价值观，并评估新的选择。

很清楚，要扩大美国未来的领袖库，这的确是极佳机会。怪杰之一的约翰·加德纳说过："美国只有 300 万人口时，我们拥有 6 位世界级的领袖：华盛顿、杰弗逊、汉米尔顿、麦迪逊、富兰克林及亚当斯。现在美国人口增加了 80 倍，我们需要 480 位领袖。他们在哪里？"这个问题问得好！全球每个国家都应该问这个问题。

至少，未来的领袖应该在各地萌芽中。大学生一度只在意什么时候能够创立自己的网站，如今公开讨论要加入中央情报局。

无论是否要打一场仗，这场危机凝聚了许多人的心智，他们希望以光荣的方式报效国家。从年轻的肯尼迪总统鼓舞整个世代，启发许多优秀的美国人加入和平队[⊖]之后，美国的理想主义从未像今天这般热烈。

我们如果需要更多的领袖，就得给这些潜在的领袖提供学习及练习的机会。恐怖袭击事件强调了我们对于新机制的需要，我们需要新的机制成为理想主义热情和能量得以宣泄的渠道，组织不可避免地成为这些未来领导者用以训练的土壤。除了已经获得肯定的和平队之外，另外一个是温迪·柯普创办的“为美国而教”组织，训练有才华、有理想的人成为教师，让原本经常是困难、不受重视、待遇偏低的工作，成为一种社会服务。

当代神话学家坎贝尔（Joseph Campbell）说过，“在中世纪，大家经过城市时就会注意到大教堂，如今则是商业大楼成为焦点，一切都是向钱看。”[3] 当我们让极客说出他们最景仰的领袖时，他们在说完家人、高中时的体育教练及宗教领袖后，有时候会提到篮球明星迈克尔·乔丹及高尔夫奇才老虎伍兹，偶尔还有通用电气的 CEO 杰克·韦尔奇以及微软老板比尔·盖茨。他们的反应大致符合坎伯尔的观察。更重要的是：在过去的 20 年中，最重要却被忽视的问题是，市场竟然凌驾于政治之上。套句

⊖ 美国“和平队”（Peace Corps），根据美国前总统约翰·肯尼迪签署的命令于 1961 年成立，其宗旨是“巩固和平，增进各国人民之间的了解”。“和平队”虽自称是非政治性组织，却接受美国国务院的资助，其活动又受美国总统办公厅的直接管辖。美国“和平队”的成员是流动的，具备条件的美国人都可以参加。40 多年来，共有 16.5 万美国人当过“和平队”成员，其足迹遍布世界上 135 个国家。——译者注

坎贝尔说过的话，我们变成了“只重财报”的社会（bottom line society）。

当然，“9·11”事件可能会改变这一切。美国人再度仰望公共领域的领袖指引方向，就像怪杰时代的美国人会转向罗斯福及丘吉尔。托马斯·曼因在20世纪中叶曾写道：“在我们这个时代，人的命运的意义是用政治术语书写的。”[4]“9·11”悲剧的一个正面的效应可能是，政治及公众领袖将为未来的领袖树立典范，扭转目前几乎一边倒的以商界领袖为主的局面。恐怖行动提醒我们，领导者除了关注企业，也要关注国家及全球的利益。美国想要再看到有如华盛顿、林肯、罗斯福这样的世界级领袖，唯一的方法就是肯定那些多看重公益、少一点私利的人。如果想做到这一点，我们国家就要主动改变它在政策上的优先顺序，要为公众领袖的产生招收、教育最优秀的、最聪明的人。

除了两架飞机撞击世界贸易中心之外，还有另外一件事在2002年年初撞向美国。安然公司创下美国金融史上规模最大、影响最深远的倒闭案，不但导致美国国会进行12次独立的调查，更成为全美媒体的焦点，甚至挤下了本·拉登及阿富汗等头版议题。我们又再度看到类似水门事件及伊朗门事件（Iran-Contra）这样的丑闻在企业界重演。这两起时间及冲击相去不远的事件，“9·11”恐怖攻击和安然案，将会不可避免地带领我们针对公共服务寻求全新的理念。

现有的选择不多。全美志愿者团（Ameri Corps）是唯一由联邦政府资助、非军方的全美机构。这个团体从1993年起对所有年龄的人开放，提供教育、公共安全、环境保护、人道服务工作。超过 20 万人登记入会，负责教导青少年、低成本装修房舍、重建国家公园。志愿者服务期为一年，通常是在美国红十字会等非营利组织服务，参与的志愿者可获得微薄的生活津贴，还有 4725 美元的教育补助。

城市年（City Year）是 1988 年创办于波士顿的理想主义及利他主义组织，主要针对 7～24 岁的青少年。该组织的网站上这样形容这些青少年的心态："够年轻，所以想改变世界；够成熟，所以能够实际执行。"它的愿景是这样的："希望有一天，18 岁的年轻人彼此最常问的一句话是——你今年要到哪里担任志愿者？"[5]

根据我们对极客的了解，这是一个很有吸引力的项目。它有很多优点，也包括与企业伙伴的紧密合作。举例来说，它目前与 Timberland 公司（登山靴和户外用具公司）结盟，去改善杰克逊村㊀、佛罗里达、公立学校的环境等。我们对他们所讲的社团建设的故事非常感兴趣——一个行之有效的沟通、凝聚共识的办法。在训练阶段以及其他场合，参加者重复寓言似的"创始故事"。"城市年"的共享精神中既包括了石头汤的传说（一锅开水和一块石头是如何变成一锅美味的汤的㊁），也包括罗伯特·肯尼迪常被人重复的观察："每一次一个人为一个理想而站出来，或者为改善他人的命运而行动，或者为对抗不公正而罢工，都是在

㊀ 美国的旅游胜地。——译者注

㊁ 现在这个故事已广泛地流传开来，而且在网络上很容易获得故事的不同版本。——译者注

传递出一个小的希望的波纹，然后……这些波纹就合力造就出一股能够冲垮最坚固的压迫和抵抗墙的激流。”

2001 年 11 月，美国参议员约翰·麦肯（John McCain）及伊万·贝伊（Evan Bayh）提出公共服务法案，希望扩大现有的渠道和机会。根据这项法案，全美志愿者团的规模将扩大 5 倍，半数新增职务将投入国土防卫部门。此外，也呼吁为 55 岁以上的年长公民提供更多的服务机会。其中之一是“资深奖学金”，凡是担任 500 小时以上教导工作的年长志愿者，可以获得 1000 美元的奖学金，作为他们所指定的学童的教育基金。

毫无疑问，我们希望所有人都能把若干段时间投入到公众服务当中去，无论是高中毕业后、大学毕业后或者工作了一段时间后——年轻人并不是唯一渴望受到训练的。从个人角度想，我们非常赞成志愿者制度，因为我们认为善行不该强迫。但是，不管强制的还是志愿的，这些计划都应具备一定的要求，以教导真正的技能、学习纪律和忠诚，就像在军队这个一贯的熔炉中所学到的一样。第二次世界大战期间，美国的预备军官学校在短短的 4 个月内就训练出几千位军官。事实上，这种短期训练，再加上欧洲及太平洋的实战经验，仍然创造出了美国所需要的大部分领导者，为 20 世纪下半叶的美国带来前所未有的繁荣和社会正义。

此外，我们也应该鼓励全新类型、样式的服务，以创造性地适应长久以来未被开发的迫切的服务需要。美国是一个多元化社会，应该拥有不同风格的服务组织，无论是专注地做好一项活动，例如人类栖身地组织（Habitat for Humanity），还是那些针对有着类似生活形态和热情的人们的广泛组织。认识不同个人之间的差异，可以扩大参与。那些在大庭广众公开讲述“石头汤”故事的人，也许就会与“为校园艺术而跑”（Marathoners for Art in the Schools）的人们聚集在一起。

我们也必须了解，公共服务未必需要千军万马的宏大队伍或者政府的监督。事实上，美国已有几千个小型社区服务组织。这些草根组织像许多宗教团体一样都在从事善行，也成为训练领导者的社区学院，因此也值得支持和鼓励。

无论新的公共服务是何种类型，都有可能成为一种熔炉。实际上，它们最重要的一种功能可能就是提供一种经历的方式，不管参加者的年龄大小。我们希望，它们成为个人考验自我、精进领导技能的场所。理想上，它们也是一个让人像享受成功一样安全地经受失败的场所。公共或国家的服务机构也应该为个人过于忙碌的“真实生活”提供一种缓冲。换句话说，无论是对热情的利他主义，还是个人体力上的宣泄，无论是给自己一个梦想的时分，还是找寻另一种生存的途径，它们都应该提供机会。总之，它们应该是一个供人学习和成长的地方。

工作中的领导

我们的发现对于工作领域也有很强的应用意义。大部分当代的组织对于培养领导人才只有嘴上说说而已，真正愿意投入心力者有多少？公司内部偶一为之的课程教不出领导者；在野外求生或者攀岩一周也无法打造领袖。甚至参加哈佛大学为期10周的高级管理课程也只不过是起步而已。换句话说，组织不应该凭借外力来训练领导人才，这是组织机体原本就该具备的功能。

有的企业在这方面做得比较好。杰克·韦尔奇的奇招之一就是在纽约州成立“人才工厂”，学员都是在通用电气公司内部被视为有高度竞争精神的员工，他每个月至少待在这里一整天，和学员分享领导的奥秘。韦尔奇知道，培养领导人才得花大钱，通用电气公司每年薪金总额的3%花在教育训练上。英特尔公司每年投入130个工时培养领导人才，每年花在每个人身上的经费高达5000美元。我们知道，这种投资绝对划算。宾州大学最近调查3000家美国企业，投入营业收入的一成的资金在资本支出上，生产力提高3.9%。但这笔钱如果花在培养人力资本上，可提升生产力8.5%。

为了培养更多的领导人，企业必须克服本身的一种恐惧，认为培养领导人只是帮助对手训练人才。这种情形的确会发生，但是企业仍然能够拥有一流人才一段时间，这些人纵使跳槽，未来也比较可能凤还巢。同时，积极培养领导人才的企业，内部的准领导人会源源不断。首先是招募，并且在每次招募过程中都要有系统地寻找领导人才。其次，组织必须把培养领导人才视为最优先。大家都知道，寻找导师是孕育领导人才的关键一步，但是多少企业能够发现潜在的领导导师呢？多少企业掌握导师的名单呢？他们花了多少力气，让这些人能够确实派上用场，让受教者能够善用这层关系？又花了多少时间为导师及受教者配对？组织也得根据员工学到领导真谛的程度给予奖励。多少企业是根据员工的适应能力给予奖励？多少企业会为失败鼓掌，因为员工至少愿意尝试值得尝试的事情？

许多组织喜欢自称是学习型组织。真正算得上是学习型组织的企业有多少？它们知道熔炉是让人脱胎换骨的学习机会吗？它们会让日常运作充满学习机会吗？它们是否为领导者提供工具和训练，让这些领导人能善用自己脱胎换骨的经验？企业需要鼓励员工，纵使面对新挑战时也要反省自己学到的事物。企业必须学习，安静深思可能比盲目躁动更有效。员工化解危机固然需要奖励，但他们面对危机的方式也需要鼓励。组织必须分清楚，有人是偶尔犯下具有正面意义的错误，有人则是习惯性犯下没有建设性的错误。创意通常代表冒险，企业不能只是奖励员工的创意，却不希望他们冒险，因为这种冒险是创新和学习的必要条件。IBM 公司的创办人汤姆·华生爵士（Tom Watson）面对员工犯错误的处理方式很值得思考和借鉴，他的那种态度是组织需要培养的。IBM 公司有位年轻的高级管理人员投入一项实验，结果失败了，造成公司损失 1000 万美元。他以为自己会被华生开除。“你开什么玩笑，”华生告诉他，“公司刚刚才花了 1000 万美元来教育你啊！”

要让公司变成真正的学习型组织，方法之一是培养一种没有等级高下之分的学习文化。威廉·莫里斯（William Morris）经纪公司所有新进的员工必须先在收发室任职，听起来或许好笑，但还有哪个部门比收发室更能认识公司各部门的员工呢？为了接班，前《洛杉矶时报》发行人钱德勒（Otis Chandler）到各部门历练，从操作印刷机到记者都做过。等到他担任发行人时，对组织形态及报业已有了深入了解。大部分组织会实行固定轮调制，让重要干部熟悉每个部门。未来的领导人到组织各部门实地工作一段时间后，不仅可以熟悉程序、问题、各单位的人员，也可强化同理心。组织也得鼓励各阶层有技巧地沟通，包括负责任的“异”见。

为了能够持续取得成功，组织得适应员工不断变化的、因时代背景所形成的需求。极客希望在工作和生活中求取平衡，组织不能忽视这种需求。老一辈的高层经理人员可能认为，年轻的管理者希望多一点个人时间就代表他们没有全身心地投入工作。事实并非如此。员工一些最紧急的需求如果未能满足，是不可能全心投入组织的。休闲时间对于极客来说，不是对自己的放纵与沉溺，而是让他们觉得自己是一个完整的人的必要条件。

组织也要了解，每个员工在自己的职业生涯中都有不同的发展周期，聪明的公司会满足他们的需求。快要心力交瘁的员工或者渴望尝试其他事业的员工，也许需要放一次长假。可惜，大部分企业往往不能认同这点，尤其是人手短缺的时候。事实上，必须精简人手时，企业可能更需要让员工留职停薪，这么做也更符合成本效益。员工的生活轨迹未必能和所属组织同步，聪明的企业懂得应变，设法配合调适，而不是逼走好手。以色列军方最近深受优秀军官出走之苦，一位将领告诉我们：“他们只想离开岗位几年，在网站工作。”军方向来不是一个有弹性的组织，但是以色列军方正在思考一个两全其美的方法，能够保住人才，而不是简单地失去他们。

打造领导者和习惯性的学习者的过程并不应该只是局限在少部分的雇员中。每一次会议都应该成为一种可能的熔炉体验，一次学习与变革的机会。除非在组织中我们能够理解领导之道的动力学，并且加以落实，否则组织生活中不可避免的一些挫败就一定会演变成汹涌的厄运。

有些组织非常严肃地看待培养领导人才，换句话说，他们把“有机”活动灌输到组织文化中。“任务学习”是其中之一，从不同领域调来一群人，组成专案小组解决实际的问题，或者提出新方案。像通用电气公司“人才工厂”的“训练营”就很管用，不过，许多训练领导人才的营队都会有“余兴”活动，例如高尔夫球、婚姻讲座及知名演艺人员的表演，长期效果微乎其微，甚至有害无利，仿佛是训练快餐店长[⊖]的速成策略。领导之道，并不存在一套完整的善恶体系，但如果存在的话，那么一定会包括这样一条信念：把已经蜕变的人放回到没有改变的组织，是一种罪恶。

关于个人

我们所提出的领导模式也是一套关于成年人学习和成长的理

⊖ 原文是 McLeaders，比喻像快餐连锁店培养店长那样培养领导者。——译者注论。人类寿命增加后，如何找出更好的方式过日子变得越来越重要。尽管有些婴儿潮一代的人士非常不愿面对这个问题，但是活得时间更长，自然也就意味着潜在的快乐或痛苦都增加了。

无论是领导他人还是过好日子，我们提出的模式给了我们一些什么结论呢？回答是：都需要学会如何学习。极客和怪杰会制定出自己的学习策略，在人生每个阶段找出新的学习目标。不管是什么组织，如果企图阻碍、控制或左右他好奇的心，迪·哈克一定会挂冠而去，因为这是他永不停止学习的秘诀。哈曼和其他怪杰都喜欢读书，也喜欢和有趣的人交朋友，这也是学习的方式。伊丽莎白·麦柯马克和特别出色的同事一起搭飞机时，会探头去看看他在读什么书，这真是一个更新自己书单的好策略。就像我们曾说过的，成功地经受这一次熔炉的考验会提升你的身心，让你更好地去经受下一次。本书的领导者如果无法从这个通道得到智慧和快乐，他会找到另一个，这就是适应能力。麦柯马克的丈夫在逐渐丧失听力之后，他们花更多时间读书，而减少了听他们喜爱的音乐的时间。

对于终生领导者来说，学习就像呼吸一样自然。他们和新朋友见面，一定设法从他身上学到一些事情。人生不如意对他们来说，分明是一个格外有意义的教室。曾经手握大权的阿瑟·李维特曾经也在出版界工作过，他回忆道：“那时，我坐在广告商面前，忍受他的嘲讽，这也是一种学习经验。”李维特学会了无论是谁打电话来，一定要回电话，他说：“这很容易，却能留下深刻的印象。”吉维兹则认为自己从一次痛苦的离婚中学到了很多。

领导者所学到的每一样，包括失败的刺痛，都成了他们工具箱里的宝物。

极客和怪杰还有一个高招，是向其他世代学习。怪杰会和年轻人交朋友，也会不经意地向子孙学习。他们也会和年纪更大的聪明人交朋友，因为他们知道“年华老去”这个熔炉我们每个人都要面对。怪杰懂得——我们每个人也都应该了解——成功的老人能够带领我们处理好我们所不可避免地要面对的挑战，在一个继续轻视和害怕年华老去的文化中，找到让人兴奋的、有用的、健康的地方。

建立和维系一个横跨时代、组织及文化的人际网络，能够让我们不断学习、善用一些关心你成长及成功的人的智慧。我们访谈的一些极客说，他们拥有自己的“董事会”，极客随时可以征询他们的意见。尤其是在面对一些伦理及道德难关，个人无法独立解决时，这个人际网络尤其珍贵。因为网络存在，他们就有了更丰富的行动选择方案，更重要的一点是，因此他们就不用独自面对这些情境。

所有极客和怪杰都提到，冒险的报酬非常巨大。杰夫·威尔克经常让自己不要过得太安逸。安·克拉克经常让自己处在考验中。他年轻的时候总是嫌自己的脚不够大，甚至认为如果买大一号的鞋子，自己的脚自然会长到和鞋子一样大。克拉克说：“我总是让自己处在不是最舒服的情况，然后学习适应……买大一号的鞋子，然后让脚长到合适。”怪杰也喜欢冒险，甘冒可能失败的风险，因为他们知道这种教育给他们的回报非常巨大。

我们的极客和怪杰都不是好高骛远之辈，在工作中是这样，在个人生活中也是如此，他们从不忽视让自己的身体状态良好的重要性。怪杰都很喜欢运动。弗兰克·盖瑞喜欢溜冰，李维特喜欢和妻子打网球。大部分怪杰也都设法保持身体健康，但不过度迷恋运动。所有怪杰和极客都拥有更多的朋友、家人及其他人际关系，没有一个极客或怪杰在社交上是自我孤立的。就是在独处时，怪杰也能够安排好自己，让自己很惬意。

几乎所有极客和怪杰在受访时都宣称，觉得自己很幸运。简单来说，他们天赋异禀，纵使在困境也能保持乐观。他们没有表现出一丝对以往那些让他们遭陷害的人的仇视，至少没有对我们表现出来。显然他们也不太愿意回顾过去，他们只想知道现在和明天会发生什么事情，而且他们预期会发生一些好事。

当然，运气青睐那些有所准备的人，对于我们所研究的领导者来说，准备妥当的必要法门就是练习。就像律师、医师、艺术家，他们的才能会随着时间而显露、改变及提升。他们随时都在练习。练习不像学校里的模拟考试，不计入成绩。事实上，练习和正式的演出一样重要。许多经理人和高级管理人员都宣称，没有时间练习，因为他们随时都在上场演出，我们必须要说，这些领导者必须学会在演出时练习。

专精一种乐器、高尔夫球、棋艺、魔术或者公众演讲的人都有过“灵魂出窍”的经验，自己仿佛飞在空中或是站在一旁观察自己的演出，寻找改善乃至创新自己演出的时机，并适时进行调整——甚至是要做全新的动作。事实上，好的演出证明了练习的价值。练习和实际演出难以分割：练习的成效一定会反映在演出上，演出也一定反映平常的练习情形。

在演出时练习，关键在于找出机会或者创造机会，让日常演出成为自己的练习场。随时注意演出时的自己，以不同的方式演出，根据即时的实验来调整态度、行为，不要等到“休息时间”或“暂停”才开始反省和学习。从录像带上观察自己的表现，从别人的角度看自己。请同事担任观察员，找一位你信得过的人，请他提醒你一些会违背或破坏你的目标的用词、说法及行为。

在演出时练习，也让你了解什么时候要开始接受熔炉考验，以及接受熔炉考验时可能做出的选择。作家埃德加·爱伦·坡[⊖]在短篇小说《莫斯肯漩涡沉浮记》(*Descent into the Maelstrom*) 中形容，有些人面对混沌变局和不确定性，竟能保持头脑清醒，看透周围其他人看不到或者不愿看到的变化。在演出时能够练习的人，也掌握这样的清醒和沉静之道。他们能从体验中萃取智慧，从清醒与沉静中找到拥抱新的熔炉考验的勇气。

我们在前文中提到，将培养领导人才融合到组织的日常运作中是一条好的途径，“在演出时练习”正是此意，完全符合这个想法。熔炉何需外求，日常生活中俯拾即是。无聊的会议、有口难言的哀痛、紧闭的大门、我行我素的行径、受到埋没的

⊖ 埃德加·爱伦·坡（Edgar Allan Poe），1809—1849，美国作家、文艺评论家，提倡“为艺术而艺术”，宣扬唯美主义、神秘主义，受西欧尤其是法国文学颓废派的影响最大。爱伦·坡被誉为“侦探小说的鼻祖”，其小说风格怪异离奇，充满恐怖气氛。1841 年发表的《莫格街谋杀案》是公认的最早的侦探小说。——译者注

才气、委婉的拒绝。这些扼杀精力和自尊的“小杀手”，以及日常生活中琐碎、世俗的问题，都是一种熔炉；除非把它们变成组织学习的实验室，否则就会变成坏的练习，固化为不好的习惯。几乎所有的组织都在或多或少地把这些熔炉徒劳地掩藏起来，使之最终成为组织机能障碍，导致使组织解体的行为。这些“令人麻痹的病毒”，这些未受关注的熔炉，其实是学习领导之道的最佳机会。不管组织还是个人，都应该学会认识和拥抱这些熔炉。

我们特别感兴趣的一个有关“调整”的问题是：担任领导角色多年的人如何面对权力的丧失。几乎所有怪杰现在都继续在公共领域扮演非常活跃的角色。例如，弗兰克·盖瑞过了70岁之后，影响力反而更胜以往。但是少数不再领导重要机构或者发号施令的人，也为自己的精力和天赋找到了用武之地。许多人开始担任别人的导师，撰写回忆录则是另外一种导师做法。美国前总统吉米·卡特在执掌白宫期间的表现并不突出，后来却能转型成为具有强大道德力量的领袖[⊖]。无论这些怪杰是否还在公众关注的焦点中，他们都能抓住每次熔炉的机会。每次新的经历都能让他们学到一些东西，甚至包括“接受外科手术治疗”这种不那么愉快的经历。他们也会神采奕奕地谈起最近学会的事物，呈现出一派赤子态，他们的眼中对这个世界仍然充满好奇。

本书准备付梓之际，我们想起了一位充满怪杰智慧的著名女

⊖ 吉米·卡特赢得了2002年诺贝尔和平奖。——译者注

作家伊迪丝·华顿[⊖]。她曾经写下这样的名句："不管病痛如何折磨，纵使哀伤与我们为敌，如果我们无惧于改变，在追求知识上的好奇心永远不满足，对大事关心，从小处开心，纵使我们灰飞烟灭多年之后，我们的精神仍然长存。"[6] 无论你年纪多大，这都会是伴随你学习和成长的金玉良言。

⊖ 伊迪丝·华顿（Edith Wharton），1862—1937，美国女小说家。出生于纽约一个富裕的家庭，受过高等教育，熟悉美国的上流社会，曾长期侨居欧洲。她写了 10 余部长篇小说和一些中、短篇小说，以及游记、评论、回忆录等，包括她的成名之作《快乐之家》（1905）、著名的中篇小说《伊坦·弗洛美》（1911）、小说《纯真时代》（1920）等。她笔下的人物和社会习惯势力之间经常发生矛盾，而总是以人物的失败或妥协告终。——译者注

|附录 A|

GEEKS & GEEZERS

极客与怪杰小传

怪杰

沃伦·本尼斯(Warren Bennis),生于 1925 年 3 月 8 日

南加利福尼亚大学领导力研究中心创办人兼主任、企业管理系教授、知名作家、顾问、领导学讲师。在 45 年的职业生涯中,他曾经撰写或主编了 27 本书籍和 2000 篇文章,其中包括畅销书《领袖》《领导人的养成》,曾经担任四位美国总统的顾问。本尼斯是麻省理工学院经济学和社会科学博士,曾在麻省理工学院、哈佛大学及波士顿大学任教,1971~1977 年担任辛辛那提大学校长。本尼斯最自豪的成就是,第二次世界大战期间,年方 19 岁的他是欧洲最年轻的步兵指挥官之一,获颁铜星和紫心勋章。

约翰·布莱德马斯(John Brademas),生于 1927 年 3 月 2 日

纽约大学名誉校长约翰·布莱德马斯决定将终生奉献在公共

服务上。他毕业于哈佛大学，获得“罗德学者”的称号，于牛津大学获得博士学位。他在 31 岁首次当选为美国联邦众议员，接下来 22 年一直代表印第安纳州在众议院工作，在国会的最后 4 年担任多数党领袖。他在国会问政的焦点是艺术和教育领域。离开国会后，布莱德马斯仍然留在教育界，1981～1992 年担任纽约大学校长，带领纽约大学成为一流的国际研究大学。他也担任纽约联邦储备银行总裁、民主党全国捐款委员会主席，并且获得克林顿总统的任命，担任总统艺术和人文委员会委员。他目前担任几家企业和非营利机构的董事。

杰克·柯曼（Jack Coleman），生于 1921 年 6 月 24 日

目前是美国佛蒙特州切斯特一家周报的发行人兼主编。他在加拿大安大略省北部一个小镇长大，曾经担任哈弗福德学院校长，拥有非常不平凡的事业。获得芝加哥大学经济学博士学位，是麻省理工学院的教授。后来又到卡内基·梅隆学院教书，担任费城联邦储备银行总裁、克拉克基金会董事。他在哈弗福德学院担任校长期间，利用休假时间从事垃圾清理员、洗碗工及监狱保安等蓝领工作。他甚至在纽约街头露宿十天，也担任过纽约市后备警察。

罗伯特·克伦道尔（Robert Crandall），生于 1935 年 12 月 6 日

目前担任多家企业的董事，1980 年起担任美国航空公司总裁。1998 年在 CEO 兼董事长任内退休。他毕业于罗德岛大学和宾夕法尼亚大学沃顿商学院。1973 年加入美国航空公司前，他曾经在柯达、贺曼（Hallmark）和环球航空公司任职。他成功带领美国航空公司走出航空业自由化后的乱局，引进“超级省钱”费率及第一个飞行常客方案，并且开辟了飞往欧洲、亚洲及南美洲的航线，美国航空公司能够转型为全球顶尖航空公司之一，他居首功。

罗伯特·杜里南神父（Fr. Robert Drinan），生于1920年11月15日

担任耶稣会神父50多年，曾经任职于政府和教育界。他代表故乡波士顿在美国众议院工作了10年，最初是因为反对越战而参加国会议员的选举。他曾经是波士顿大学法学院院长，1981年在乔治大学法学中心任教。他在许多人权问题上以敢言著称，并且参加了许多与此议题相关的委员会，也撰写相关的文章。

罗伯特·高尔文（Robert Galvin），生于1922年10月9日

父亲创办了摩托罗拉公司，他在1940年进入摩托罗拉，以执行委员会主席的身份退休。他常年担任摩托罗拉CEO，1956年首次担任总裁，1990年辞去董事长职务，距离他进入公司正好50年。高尔文带领公司扩张到全球各地，并且不断推出新产品，在通信及电子科技领域保持领先地位。他的外孙沙利文是本书访谈的极客之一。

约翰·加德纳（John Gardner），生于1912年10月8日，2002年2月16日去世

加德纳去世时是斯坦福大学教授，终生都献给了公共服务。

他曾经在约翰逊总统时代担任健康、教育及福利部长，全国都市联盟主席，创办美国“公民正义”组织。是社区及领导学领域的知名作者，包括《自我更新》（1964，1981）及《领导论》（1990）。他在斯坦福大学获得文科学士，在加利福尼亚大学伯克利分校获得心理学博士，第二次世界大战期间担任海军陆战队情报官。他也担任许多企业及非营利组织的董事。

弗兰克·盖瑞（Frank Gehry），生于 1929 年 2 月 28 日

盖瑞出生在加拿大多伦多，是世界知名建筑师，最著名的作品是西班牙毕尔巴鄂的古根海姆博物馆。他先在南加利福尼亚大学念书，然后前往哈佛大学，第一个作品于 1962 年在加利福尼亚完工。他的建筑被喻为功能性的雕塑。他曾获得美国建筑师研究学会的金奖，被视为建筑界最高荣誉的普利兹克奖（Pritzker Prize）。他直到现在都很喜欢玩冰球。

唐·吉维兹（Don Gevirtz），生于 1928 年 3 月 1 日，2001 年 4 月 22 日去世

吉维兹在美国印第安纳州柯科莫长大，获得篮球奖学金进入南加利福尼亚大学念书，在商界和公共服务领域都很活跃。他和别人一起创办的丘陵集团（Foothill Group）已成为了美国最大的商务金融公司，后来卖给富国银行（Wells Fargo）。他也参与政治，1996～1997 年担任美国驻斐济大使。他非常支持提高教育水平的工作，所做的慈善工作主要集中在位于桑塔·巴巴拉的加州大学教育研究所。吉维兹于 2001 年 4 月去世，享年 73 岁。

艾德温 · 古斯曼（Ed Guthman），生于1919年8月11日

古斯曼出生于美国华盛顿州西雅图市，是过去50年来美国首屈一指的新闻记者之一，1987年起在南加利福尼亚大学担任新闻学教授。他在第二次世界大战期间获颁银星奖章和紫心勋章。他年仅29岁就赢得普利策奖，后来担任美国司法部长罗伯特 · 肯尼迪（Robert Kennedy）的新闻秘书。离开政府之后，他从1965～1977年担任《洛杉矶时报》（*Los Angeles Times*）全国版主编，1977～1987年担任《费城询问者报》（*Philadelphia Inquirer*）主编，并入选《伟大的一代》（*The Greatest Generation*）。

西德尼 · 哈曼（Sidney Harman），1920年出生

1953年与他人创办哈曼国际公司，现在担任董事长兼CEO，50年来一直是音响界的先驱。他起家时是把产品放在汽车后座叫卖，如今创办了国际上一流的高档音响公司，2000年会计年度公司收入达到16亿美元。哈曼的兴趣广泛，经常针对职场生涯的质量及他工厂的状况撰写文章。1977～1978年，他担任卡特政府的商务部副部长，目前担任若干非营利组织的董事。

弗朗西丝 · 赫塞班（Frances Hesselbein）

1990年创办杜拉克非营利基金会，并担任总裁兼CEO到1998年，目前担任理事委员会主席。她被公认为美国最成功的女性企业家，1976～1990年担任美国女童子军协会的CEO，这段经历最为人耳熟能详。她也担任《领导者对话》季刊的总编辑，在许多非营利机构和企业担任董事。1998年，她获得美国平民最高荣誉——总统自由奖章。

迪・哈克（Dee Hock），生于 1929 年 3 月 21 日

生于美国犹他州的一个小镇，1970 年创办美国 VISA 组织，1974 年创办 VISA 国际组织，后者股权由世界各地金融机构拥有。他在 1984 年离开 VISA 组织，专注于管理方式和组织进化的研究。他是《Chaordic 时代》一书的作者，也是 Chaordic 联盟的创办者和董事。

纳森尼尔・琼斯（Nathaniel R. Jones），生于 1926 年 5 月 13 日

美国上诉法院法官琼斯生于俄亥俄州杨斯镇，从事司法工作期间为民权议题不眠不休。他年少时家境清寒，在当地律师和报社记者狄克森的启蒙下力争上游。第二次世界大战期间，他在陆军航空队服役，战后成为杨斯镇州立大学法律系仅有的两位非裔美国人之一。1961 年，他被任命为俄亥俄州助理检察官。1969～1979 年担任全国非裔美国人协会（NAACP）的总律师，1979 年被卡特总统任命为联邦法官，在第六巡回法院任职，1995 年晋升为资深法官。

阿瑟・李维特（Arthur Levitt Jr.），生于 1931 年 2 月 3 日

在纽约布鲁克林出生，在商界极负盛名，1993～2001 年担任美国证券交易委员会主席，其任职之久打破历史纪录。他在证券交易委员会的首要目标就是保护散户投资者的利益。李维特在 1952 年以优异成绩毕业于威廉姆斯学院，然后进入空军服役两年。退役后从事许多工作，包括为《生活》杂志、畜牧公司工作，直到进入证券公司。他曾经担任美国证券交易所董事长，拥

有国会山的 *Roll Call* 杂志，之后被克林顿总统提名执掌美国证券交易委员会。

伊丽莎白·麦柯马克（Elizabeth McCormack），生于 1922 年 3 月 7 日

曾经做过修女，担任过大学校长，目前是人口协会受托人理事会的主席，终生投入教育和公共服务事业。她在圣心修道院担任修女 30 年，1974 年离开修道院，终生事业以教育为主，先担任老师及校长，1966～1974 年担任曼哈顿村（Manhattanville）学院校长。离开学院后，她为洛克菲勒家族的慈善基金会办公室工作，1989 年退休。她担任许多家董事会的董事，其中包括麦克阿瑟基金会。

比尔·波特（Bill Porter），生于 1928 年 11 月 10 日

波特创办网上证券交易公司 E*Trade，在科罗拉多州波尔德出生。从海军退役后，在亚当斯州立大学获得文学学士，在堪萨斯州获得硕士学位，毕业后加入标准局和通用电气公司，他拥有 14 项专利，在职业生涯中主持了许多发明和创新。他在 1982 年创办 E*Trade 公司，公司在 1983 年 7 月促成第一笔网上交易，于 1996 年公开上市。波特现在与妻子琼（Joan）一起非常投入地服务于麻省理工学院（MIT）的学校事务——1967 年波特就是在 MIT 获得了工商管理硕士学位[⊖]。

⊖ 在本书中，作者并不特别区分工商管理硕士与其他名称的管理类硕士学位，以此处为例，MIT 的工商管理硕士项目是 20 世纪 90 年代之后才开始的，之前应该是管理科学硕士学位。——译者注

奈德·雷根（Ned Regan），生于 1930 年 5 月 30 日

雷根在公共服务及教育领域成绩卓越。他曾经参加过朝鲜战争，1964 年进入布法罗市议会，然后不断当选公职，担任纽约州总审计长达 14 年，负责纽约州的财务管理和州退休基金的管理。2000 年 7 月，他以 70 岁高龄担任纽约市立大学巴鲁克（Baruch）学院的院长，该商学院有学生 15 000 人。

理查德·瑞奥丹（Richard Riordan），生于 1930 年 5 月 1 日

生于纽约，毕业于普林斯顿大学，瑞奥丹曾经担任洛杉矶市长整整两任，2001 年 7 月期满卸任。他是密歇根大学法学学士，1993 年当选洛杉矶市长前为执业律师。他也是一名非常成功的创业家和风险投资家。担任市长期间，他的重心放在公共安全、教育、洛杉矶社区环境的改善上。他现在仍和另外一位怪杰盖瑞一起打冰球。

莫瑞尔·希伯特（Muriel Siebert），生于 1932 年 9 月 12 日

希伯特是华尔街的奇女子，事实上也是第一位拥有纽约证券交易所席位的女性。她以自己的名字创办折扣券商。她曾经在许多证券公司工作，绩效卓著。1967 年，她在历经千辛万苦之后终于取得纽约证券交易所席位。1977 年起，她担任纽约州银行厅长 5 年。目前除了工作，她将多数时间投在慈善工作及许多非营利组织上。

保罗·索列里（Paolo Soleri），生于 1919 年 6 月 21 日

生于意大利都灵，知名设计师及建筑师，1947 年踏上美国，受教于莱特（Frank Lloyd Wright）。索列里 1956 年加入美国籍，他最初是以陶艺闻名，后来主要致力于城市规划。亚利桑那州中部一个小镇阿科山提（Arcosanti）就是由他设计的，设计理念结合建筑学和生态学，并且扩大人与人的互动，减少污染，尽量使用原始材料。

瓦特·桑代姆（Walter Sondheimm, Jr.），生于1908年7月25日

目前仍然热心于公共服务，是巴尔的摩市过去半个世纪以来最受敬重的公民之一。他曾经担任霍奇斯查·柯恩（Hochschild Kohn）百货公司的高级管理人员，1970年退休。1954年，桑代姆担任巴尔的摩市学校委员会主席。他也曾主导巴尔的摩市内港的开发，重振市中心区的繁荣。桑代姆毕业于哈弗福德学院。

迈克·华莱士（Mike Wallace），生于1918年5月9日

华莱士出生于马萨诸塞州布鲁克林，距离肯尼迪总统的家只有五户之遥。1968年，哥伦比亚广播公司“60分钟”新闻节目开播后，华莱士就是台柱子之一。他1939年自密歇根州立大学毕业后，就投入广播工作，即使已80多岁高龄，仍然乐于工作。他通过“60分钟”节目，率先开拓调查新闻学的领域，他采访过近代史上所有重要的新闻人物。第二次世界大战期间，华莱士担任海军通讯官。

约翰·伍登（John Wooden），生于1910年10月14日

传奇式的篮球教练伍登生于印第安纳州，担任加利福尼亚大学洛杉矶分校（UCLA）总教练达27年。1975年退休之后，伍登成为知名讲师，四处宣讲他的“成功金字塔”理论。他的球队拿过 10 次全美大学体育协会（NCAA）冠军，还曾创下蝉联 7 届冠军的纪录，这项纪录迄今未被打破，真正让他成为魅力十足的领袖角色是扮演老师兼教练。他在 1932 年自普渡大学毕业，作为平均成绩最高的运动员获得十杰奖章。伍登也以教练兼球员的身份进入篮球名人堂。

极客

伊丽莎白·阿尔特曼（Elizabeth Altman），生于 1966 年 12 月 16 日

她是摩托罗拉事业发展及个人通信部副总裁，毕业于康奈尔大学，获机械工程硕士，在麻省理工学院制造业领导者项目中取得管理硕士学位。1992 年加入摩托罗拉公司。她在康奈尔大学和麻省理工学院这两段求学经历之间曾经在宝丽来（Polaroid）公司任职两年。她在摩托罗拉期间，获得美国商务部奖学金。她曾前往索尼公司位于日本的工厂工作一年。她担任波士顿日本协会董事，并且参与康奈尔大学女性校友会工作。

拉瑞格·查克迪安（Lorig Charkoudian），生于 1973 年 2 月 14 日

她创办巴尔的摩社区协调委员会，目前担任执行董事。1995 年毕业于波摩纳（Pomona）学院，2001 年取得约翰·霍普金斯大学经济学博士学位。社区协调委员会的目标是让社区居民以非暴力的手段解决纷争。最初源于巴尔的摩市的华佛利 / 葛林蒙特区，如今普及到全市。她也积极参与监狱内的非暴力运动，并推动废除死刑。目前担任几家非营利机构的董事。

斯蒂夫 · 陈（Steve Chen），生于 1969 年 6 月 6 日

创办 Embark.com 网站，提供学生、高中、大学及相关企业网络基础设施的解决方案。目前 600 多家高等教育机构都采用 Embark.com 的管理工具。斯蒂夫 · 陈担任业务副总裁。创办 Embark.com 之前，他为美康（Mecon）公司工作，那是一个初创的医疗保健咨询服务公司，再之前，他任职于顾问公司。他拥有麻省理工学院的学士和硕士学位。

泰若 · 丘奇（Tara Church），生于 1979 年 3 月 6 日

1987 年，年仅 8 岁的丘奇创办“树战士”组织，是美国第一个由儿童管理的非营利组织。“树战士”鼓励年轻人带头改变环境和社会，主要目标是植树和教育年轻人具有环保意识。丘奇认为，个人的努力也能促成改变，透过“树战士”，每个儿童都能为环保尽一份力。丘奇在 2000 年毕业于南加利福尼亚大学，目前就读于哈佛大学法学院。

安 · 克拉克（Ian Clarke），生于 1977 年 2 月 16 日

克拉克在爱尔兰出生，1999 年毕业于苏格兰的爱丁堡大学，取得计算机与人工智能学科的学位。创办了自由网络 FreeNet 的开源网站，主要在确保安全无忧的情况下鼓励信息的自由交流。克拉克坚决反对审查制度，也创办了阿普莱塞（Uprizer）公司，是一家网络基础设施公司。

丹·康宁汉（Dan Cunningham），生于 1975 年 6 月 19 日

1997 年毕业于普林斯顿大学，不断创办企业。他曾经创办 Sportscape.com，目前是运动零售商 Fogdog 旗下一个部门，后来又创办 Dan's 巧克力——专门销售新鲜巧克力的即时零售商，他担任 CEO，或者叫作“Chief Chokolada”（首席巧克力人）。他成立的第一家公司是在佛蒙特州读高中时成立的割草公司。丹的巧克力公司提供现做、高品质的手工巧克力，销售收入的 5% 依照顾客指定用途捐给慈善事业。

斯凯·戴顿（Sky Dayton），生于 1971 年 8 月 8 日

创办了 Earthlink 和波英哥无线（Boingo Wireless）。1980 年祖父教他使用电脑时，他才 9 岁，从此迷上科技。1993 年，他因为一直无法上网而决定要让所有人能够更容易上网，因此创办了全球联结。1999 年 6 月，他与人一起在加利福尼亚州圣莫尼卡创办电子企业。2001 年年底，他又创办波英哥无线公司（Boingo Wireless）。在所剩无几的闲暇时间里，他热爱滑雪和冲浪。

哈兰·休（Harlan Hugh），生于 1974 年 2 月 19 日

哈兰·休 6 岁就开始使用父亲的苹果电脑，对于电脑和科技的迷恋一直持续至今。他开发出一些技术，可作为分享及组织技术的平台，然后以此与他人创办布莱安（Brain）科技公司，公司宗旨是“协助客户把现有的信息转变成知识”。他聘请了一些富有经验的管理老手负责运营，自己担任公司首席技术官。

伊丽莎白·高（Elizabeth Kao），生于 1968 年 7 月 18 日

毕业于得克萨斯大学及麻省理工学院斯隆管理学院制造业领导者项目（LFM），目前担任福特汽车公司营销经理。她在拿到得克萨斯大学本科学位之后，到麻省理工学院攻读工商管理硕士之前，曾创办自己的公司。进入福特汽车公司后，她先后在制造和营销部门工作过，从多方面了解福特的业务。

杰夫里·基思利（Geofrey Keighley），生于 1978 年 6 月 24 日

原籍加拿大多伦多，2001 年毕业于南加利福尼亚大学，13 岁起就撰写电子游戏的评论。在科技方面一直站在时代前端，他利用早期的电子邮件直接和电子游戏制造商沟通。基思利原本只是电子游戏试玩版的测试人员，后来升级为电子游戏行业一流的评论者。1996 年，基思利创办游戏切片电子游戏网站（Gameslice），除了传统的电子游戏评论外，也更注重深度报道、社交及访问。

迈克尔·克莱恩（Michael Klein），生于 1970 年 12 月 3 日

14 岁读大学，20 岁白手起家成为百万富翁，是近 15 年来首屈一指的创业家。他的祖父在 20 世纪 50 年代曾引领一股数字画风潮，他在幼年时期就被祖父带入生意场。起初靠着房地产赚到他的第一桶金，大学毕业后（才 17 岁）进入软件行业。他创办的 Transoft 公司，1999 年被惠普公司并购；创办的电子集团公司则在 2000 年被雅虎以 4.32 亿美元买走。克莱恩拥有工商管理硕士和法律硕士学位，不久前刚刚组建家庭。

温迪·柯普（Wendy Kopp），生于 1969 年 6 月 29 日

柯普以其在普林斯顿大学的论文为本，发展出“为美国而教”的理念，让一流的大学毕业生在资源相对匮乏的地区任教。柯普 1990 年毕业后，立刻创办“为美国而教”组织，第一批只有 500 名教师。10 年后，已有 1500 位大学毕业生在 15 个资源匮乏地区教育 10 万名儿童。柯普目前仍然运作这个组织，2001 年出版《有朝一日，所有孩子》[⊖]一书，回顾了“为美国而教”组织成立 10 年的历程。

布莱恩·莫利斯（Brian Morris），生于 1971 年 1 月 30 日

出生在巴尔的摩市，创办遗产无限（Legacy Unlimited）公司，提供以前被忽视的少数族群的金融教育、产品及服务。莫里斯自马里兰大学毕业后，曾经任职于赖格·梅森（Legg Mason）公司和美林公司，后来才创办遗产无限公司。他被市长任命为巴尔的摩市第一代少数民族商业开发主任。1998 年，《乌木》（*Ebony*）杂志推举莫利斯为 30 岁以下的美国杰出领袖。

邵凌云（Lingyun Shao），生于 1977 年 8 月 27 日

2000 年毕业于麻省理工学院，大学毕业前，她已经是美国陆军士官，毕业后即获护士资格。她最近被《魅力》杂志选为美国十大杰出校园女性。米契（Mitch）飓风侵袭萨尔瓦多时，她以陆军后备护士的身份参与救援工作，也在马萨诸塞总医院担任护士。她的志愿是成为医生，但也希望涉足不同的事业。

⊖ 书的全名为：*One Day, All Children: The Unlikely Triumph of Teach for America and What I Learned Along the Way*。——译者注

扬·辛（Young Shin），生于 1966 年 7 月 9 日

也是Embark.com创办人之一，先前担任公司总裁兼CEO。目前则担任董事长兼首席技术官，负责提升公司产品、策略及架构。创办公司前，他曾经担任美康（Mecon）公司信息科技董事，并负责希尔科技顾问公司的应用架构。他毕业于麻省理工学院以及斯隆管理学院，获得航天工程及管理科学双学位。

布丽奇特·史密斯（Bridget Smith），生于 1978 年 7 月 31 日

史密斯在纽约市出生，毕业于布鲁克林科技高中和威尔斯理（Wellesley）学院，以领导才能和公共服务获得杜鲁门奖学金。在威尔斯理学院毕业后，她先后进入哈佛大学肯尼迪政府学院和加利福尼亚大学伯克利分校法学院就读。她的母亲是爱尔兰人，父亲则是非洲印度裔美国人，因此，她希望能够改善美国儿童的生活品质。她的志愿者工作主要集中在内陆社区，她也是全美志愿者团的成员。

布莱恩·沙利文（Brian Sullivan），生于 1971 年 10 月 8 日

外祖父是怪杰高尔文，1998 年创办滚橡企业风险投资公司，目前担任总裁及 CEO，主要投资初创期的信息科技企业。他拥有西北大学通讯理学士学位，也是南加利福尼亚大学工商管理硕士。高尔文也在滚橡企业的顾问委员会中担任顾问。

杰夫·威尔克（Jeff Wilke），生于 1966 年 12 月 23 日

毕业于普林斯顿大学化工系，麻省理工学院制造业领导者（LFM）项目工商管理硕士，目前是亚马逊网络书店高级副总裁兼全球运营及客户服务总经理，主要负责配销及物流策略。进入亚马逊网络书店前，他任职于联合信号公司，担任高级管理职位。到麻省理工学院攻读工商管理硕士前，他曾在埃森哲公司（Accenture，当时称为安达信咨询公司）工作。他在匹兹堡土生土长，目前和妻子丽瑟（Lisel）及两个女儿很满意在美国西岸的生活。

| 附录 B |

GEEKS & GEEZERS

访谈问题

生命轴线

提示：在一张纸上画一条直线，以你的出生作为起点，而终点则画到你现在的年龄再加上 10 岁。在这条“生命轴线”上，将你生命中那些界定、显示着“你是谁”的主要的转折点，都标注在这条线上，以 X 为记号。

在这些关键的界定时刻都发生了什么故事？为什么你会做出这些选择？

失败在你的人生中扮演什么角色？

你觉得自己幸运吗？

领导

你最早一次作为领导者的回忆是什么？

你如何形容作为一位领导者的自己？

你的领导风格是否曾经改变过？

你被人领导时是一位好的追随者吗？你追随谁？

你崇拜谁？在搭乘 10 小时的飞机进行长途旅行时，你最希望坐在古今哪位人物旁边？

爱德华是一家公司的首席执行官，而吉姆则是准备离开这家公司的一个年轻人。爱德华该说些或做些什么，才能让吉姆回心转意？

成功

你如何定义成功？当你 30 岁时，你又是如何给成功下定义的？到 70 岁时你又会如何定义呢？

你期望自己还留在现在的位置上多长时间？

你期望自己在整个职业生涯中在多少个组织中工作过？

你认为自己何时会退休？

你最不想住在美国哪个城市中？需要什么样的工作才能吸引你搬到这个城市居住？

什么事会让你觉得幸福？

意义 / 人生空间

提示：静思片刻生活中那些你在当下最在意的事情。如果让你把 100% 的精力，依照你所认为的重要次序来分配给每件事情，你会如何分配？

对 30 岁组的人：到你 70 岁时，这些比重分配又会是如何的？

对 70 岁组的人：在你 30 岁时，这些比重分配是如何的呢？

你从何处找到指引、启示、灵感？

当你处于危机时，你从何处得到建议？

你觉得你所属的这一代与你子女这一代的差异都是什么？和你父母那一代的差异呢？

你希望离开这个世界时留下什么作为遗产？

你的身心状况有多重要？

你是如何让自己成长的？你如何评估自己的成长？

你觉得自己兼顾了工作和工作外的生活了吗？

填空[⊖]

对我来说，领导的本质是______________________________

对我来说，完美的一天是______________________________

我在__________________________________的时候学习效果

⊖ 这些需要填写的开放式问题，并无长短篇幅的限制，填空部分的长短仅是示意。——译者注

最佳

我心目中的英雄（们）是________________________________

我最喜欢的小说作品是________________________________

我最喜欢的非小说作品是________________________________

年龄________________________________

性别________________________________

种族 / 族群________________________________

婚姻状况________________________________

教育（程度及领域）________________________________

出生地________________________________

目前居住地________________________________

目前的雇主________________________________

我所担任的职务________________________________

担任目前职务的年数________________________________

注 释

推荐序

1. David McCullough, "Harry S. Truman," in *Character Above All: Ten Presidents from FDR to George Bush,* ed. Robert A. Wilson (New York: Simon and Schuster, 1995).

2. Ibid.

3. Dean Keith Simonton, *Greatness: Who Makes History and Why* (New York: Guilford Press, 1994).

第 1 章

1. E. B. White, *Charlotte's Web* (New York: HarperCollins, 1952).

2. Readers can view excerpts from several of the interviews by visiting our Web site: http://www.geeksandgeezers.com.

3. Warren Bennis and Patricia W. Biederman, *Organizing Genius: The Secrets of Creative Collaboration* (Cambridge, MA: Perseus, 1998).

4. Karl Weick, "Legitimization of Doubt," in *The Future of Leadership,* ed. Warren Bennis, Gretchen Schweitzer, and Thomas Cummings (San Francisco: Jossey-Bass, 2001).

5. The senior Klein was a classic American entrepreneur of his generation who had left an unsatisfying job with General Motors to strike out on his own. As the owner of the Palmer Paint Co. in Detroit, he applied the assembly-

line methods he learned in auto-making to his factory, but his chief assets were the drive and imagination that were unleashed when he left his corporate job. Always looking for new markets for his product, Klein immediately saw the potential when the head of his art department, Dan Robbins, proposed a do-it-yourself kit that would allow amateurs to create professional-looking paintings. Robbins had borrowed the idea from Leonardo Da Vinci, who numbered the different areas of his paintings so his assistants would know what colors to use. Klein made the crucial decision to nix the abstract contemporary designs that Robbins originally proposed in favor of landscapes, bullfights, kittens, and other subjects that appealed to buyers in America's burgeoning suburbs. The subject of an exhibit at the Smithsonian in 2001, the resultant paint-by-number phenomenon made history.

6. Vernon E. Jordan, Jr., and Annette Gordon-Reed, *Vernon Can Read! A Memoir* (New York: Public Affairs Press, 2001).

7. Ibid., 9.

8. Edwin Markham, "Outwitted," in Cary Nelson, ed., *Anthology of Modern American Poetry* (Oxford: Oxford University Press, 2000).

9. Dave Smith and Walt Disney, *The Quotable Walt Disney* (New York: Hyperion, 2001).

第 2 章

1. In Ralph Keyes, *The Wit and Wisdom of Harry Truman: A Treasury of Quotations, Anecdotes, and Observations* (New York: Random House, 1999).

2. *Life* magazine, 31 July 1950.

3. Jean-Paul Sartre quoted in David Caute, *The Great Fear: The Anti-Communist Purges under Truman and Eisenhower* (New York: Simon and Schuster, 1978).

4. William H. Whyte, *Organization Man* (New York: Simon and Schuster, 1956).

5. Cited in Eugenia Kaledin, *Daily Life in the United States: 1940–1959* (Westport, CT: Greenwood Press, 2000).

6. Desi Arnaz paraphrased in Kaledin, *Daily Life in the United States,*

134.

7. According to the Gallup Index of Leading Religious Indicators, 55 percent of Americans in 1996 said that religion was very important in their lives versus 75 percent in 1952, <http://gallup.com/poll/indicators/indreligion.asp> (accessed 15 November 2000).

8. Whittaker Chambers, *Witness* (New York: Random House, 1952), 9.

9. "Heroes and Icons," *Time,* 14 June 1999.

10. Philip E. Slater, "Leading Yourself," in *The Future of Leadership: Today's Top Leadership Thinkers Speak to Tomorrow's Leaders,* ed. Warren Bennis, Gretchen M. Spreitzer, and Thomas G. Cummings (San Francisco: Jossey-Bass, 2001).

11. Life expectancy for a white male in the United States at the time most geezers in this study were born (around 1925) was 59 years. So, if you were conditioned from youth to think you'd live to be 60 or 65, then many geezers were understandably thinking that they'd reached the midpoint of life before 35. By contrast, when the geeks were growing up, life expectancy had extended to 73 and the idea of mortality had not been cemented as early as it had been for geezers.

12. William Strauss and Neil Howe, *Generations: The History of America's Future, 1584 to 2069* (New York: William Morrow, 1992), 272.

13. David Halberstam, *The Best and The Brightest* (New York: Fawcett, 1993).

14. Secretary of Labor Elaine Chao gave the issue a personal touch in an April 2001 interview: "In a stressed-out work force, people are concerned about balancing personal life versus professional lives, and I think that technology is a big part of that as well. It's supposed to help us, yet how many of us are now beset by ringing cell phones and laptops that accompany us on weekends and on our vacations so that we're never away from the workplace? I mean, I'll get up at two o'clock in the morning and dash off a couple of e-mails, and I think that's crazy!" National Public Radio, Morning Edition, 4 April 2001 (transcribed from Web archives).

15. Douglas McGregor, *The Human Side of Enterprise* (New York: McGraw-Hill, 1960).

第 3 章

1. Moore's Law was the observation made in 1965 by Gordon Moore, cofounder of Intel, that the number of transistors per square inch on integrated circuits had doubled every year since the integrated circuit was invented. Moore predicted that this trend would continue for the foreseeable future. In subsequent years, the pace slowed down a bit, but data density has doubled approximately every eighteen months, and this is the current definition of Moore's Law, which Moore himself has blessed. Most experts, including Moore himself, expect Moore's Law to hold for at least another two decades.

2. Apple's employment offer: "Here's the deal Apple will give you; here's what we want from you. We're going to give you a really neat trip while you're here. We're going to teach you stuff you couldn't learn anywhere else. In return . . . we expect you to work like hell, buy the vision as long as you're here. . . . We're not interested in employing you for a lifetime, but that's not the way we are thinking about this. It's a good opportunity for both of us that is probably finite," cited in Peter Cappelli, *The New Deal at Work: Managing the Market-Driven Workforce* (Cambridge, MA: Harvard Business School Press, 1999), 25–26.

3. Neil Howe and William Strauss, "The New Generation Gap," *The Atlantic Monthly,* December 1992.

4. Andrew Hultkrans, "GenXploitation," *Mondo 2000,* December 1992.

5. Eric Schmitt, "For First Time, Nuclear Families Drop Below 25% of Households," *New York Times,* 15 May 2001.

6. Marc Gunther "God and Business," *Fortune,* 19 July 2001.

7. Note also that before you could play most board games you—or your parents—first had to wade through a complicated instruction manual. Today, by contrast, players just launch the game. They assume that game developers have created an intuitive, learn-as-you-play interface.

8. Paolo Soleri, an internationally renowned urban architect and philosopher, quietly shook his head sadly when we asked him what he thought about the ambitions of young men and women in 2001. According to Soleri: "[T]his notion that the child is a genius and you're going to

become whatever you want to become is such a cruel insult. . . . Because life is not that. Life is a harsh reality. And we have to find our way into this harsh reality without fooling ourselves. So all those potential presidents of the United States, 275 million of them, it's so cruel."

9. Abby Ellin, "Have Your Freedom Now, or Later?" *New York Times,* 15 July 2001.

10. The other movies were *Wall Street, American Beauty, Good Will Hunting,* and *Swingers.*

11. According to studies cited in Robert Reich, *The Future of Success* (New York: Knopf, 2001), in 1970 less than 40 percent of female college graduates married to male college graduates were in the workforce. Now, nearly 75 percent of those women earn a paycheck.

12. Sally Jacobs, "In a League of Her Own: Princeton's First Female President," *Boston Globe,* 10 July 2001.

13. This mirrors the results of a Web-based survey of young people reported by the *Wall Street Journal* (27 June 2001): 38 percent of the 12,000+ respondents chose heroes from their families.

第 4 章

1. Our thinking in this chapter has been very much influenced by a cadre of gifted authors to whom we want to acknowledge our debt: Albert Bandura, *Self-Efficacy: The Exercise of Control* (New York: Freeman, 1997); Jerome Bruner, *Acts of Meaning* (Cambridge, MA: Harvard University Press, 1990); M. Csikszentmihalyi, *The Evolving Self* (New York: HarperCollins, 1993); Howard Gardner, *The Mind's New Science: A History of the Cognitive Revolution* (New York: Basic Books, 1985); Daniel Goleman, *Working with Emotional Intelligence* (New York: Bantam Books, 1998); K. Gergen and K. Davis, *The Social Construction of the Person* (New York: Springer-Verlag, 1985); Robert Kegan, *In Over Our Heads: The Mental Demands of Modern Life* (Cambridge, MA: Harvard University Press, 1994); and Karl Weick, *Sensemaking in Organizations* (Thousand Oaks, CA: Sage 1995).

2. George E. Vaillant, *Adaptation to Life,* (Cambridge, MA: Harvard University Press, 1995).

3. George E. Vaillant, *Aging Well: Surprising Guideposts to a Happier Life from the Landmark Harvard Study of Adult Development* (New York: Little Brown, 2002).

4. Aldous Huxley, *The Perennial Philosophy* (New York: HarperCollins, 1990).

5. Vaillant, *Aging Well,* 9.

6. John McCain with Mark Salter, *Faith of My Fathers* (New York: Random House, 1999).

7. Quoted in "Personal Histories: Leaders Remember the Moments and People that Shaped Them," *Harvard Business Review* 79, no. 11 (December 2001): 30–32.

8. Diana E. Henriques and Jennifer Lee, "Flinty Bond Trader Leads His Firm Out of the Rubble," *New York Times,* 15 September 2001.

9. John Keats, "Letter to George and Tom Keats (December 27, 1817)," in *Letters of John Keats,* ed. Robert Gittings (Oxford: Oxford University Press, 1970).

10. "Personal Histories," 32.

11. Isabel Allende, *Paula* (New York: HarperCollins, 1996).

第 5 章

1. Frank Rich, "The Father Figure," *New York Times Magazine,* 30 September 2001.

2. Gerald Posner, "I Was Wrong About Bush," *Wall Street Journal,* 25 September 2001.

3. Ibid.

4. Leo Braudy, *The Frenzy of Renown: Fame and Its History* (New York: Vintage, 1997).

5. D. T. Max, "The Making of the Speech," *New York Times Magazine,* 2 October 2001, 32ff.

6. Drake Beam Morin Consulting Co., Inc., "CEO Turnover and Job Security: A Special Research Report" (Boston: Drake Beam Morin, 1999), 6.

7. Saul Bellow, *Ravelstein* (New York: Penguin, 2001).

8. "New Formula: To Fix Coca-Cola, Daft Sets Out To Get Relation-

ships Right," *Wall Street Journal,* 23 June 2000, 1.

9. "The Year in Business," *Fortune,* 24 December 2001, 142.

10. Leslie Kaufman, "Question of Style in Warnaco's Fall," *New York Times,* 6 May 2001.

11. Richard Finneran (ed.), *The Collected Poems of W.B. Yeats* (New York: Scribner, 1996).

12. William James, *The Letters of William James, Volume 1* (New York: Longmans Green, 1878).

13. C. Wright Mills, *The Sociological Imagination* (New York: Oxford University Press, 1959), 165–194.

14. Derived from Warren Bennis and Patricia Ward Biederman, *Organizing Genius* (Reading, MA: Addison-Wesley, 1997), 172.

15. William James, *The Letters of William James.*

16. F. O. Mathiessen and K. B. Murdock, *Notebooks of Henry James,* (New York: Oxford University Press, 1961).

17. George E. Vaillant, *Adaptation to Life* (Cambridge, MA: Harvard University Press, 1995), 120.

第 6 章

1. T. H. White, *The Once and Future King* (New York: Putnam Publishing Group, 1980).

2. "If personality is an unbroken series of successful gestures, then there was something gorgeous about him, some heightened sensitivity to the promises of life, as if he were related to one of those intricate machines that register earthquakes ten thousand miles away." F. Scott Fitzgerald, *The Great Gatsby* (New York: Charles Scribner's Sons, 1925).

3. From an unpublished speech.

4. Cited in Kenneth Minogue, *Politics: A Very Short Introduction* (London: Oxford University Press, 2000).

5. See <http://www.americorps.org>.

6. Edith Wharton, *The Age of Innocence* (New York: Modern, 1999).

致　谢

我们很高兴能在这里致谢，表达我们的感激与谢意，如果没有这么多个人、集体、机构的参与——啦啦队、支持者、“接生婆”、制作人、评论家、建议者、研究对象、协调者、赞助者、联系人、听众、修订者等，这本书是不可能与公众见面的。我们最喜欢用在书的扉页作为献辞的一句简单的话就是“如果没有你”。是的，我们有太多值得我们献上谢意的“你”。事实上，我们真希望能像电影或者电视节目常做的那样，使用那些内行人都能明白的名称，像是灯光助理、照明师、广告、承办、制作、执行制片、联合制片人等。因为，某种意义上这本书正是像一部电影或者电视节目那样被制作出来的。

首先，我们有一位“制片人”，汤姆·达文波特，一位非常著名的作家，也是埃森哲战略变革研究中心的主任。他的支持和无尽的热情，加上他为我们慷慨提供的资金和人力上的资源对于本书至关重要。你找不到比汤姆还要棒的“指挥家”了。一路走来，他又从埃森哲公司内引入了几位“联合制片人”，迈克·梅、约翰·罗林斯和克里斯·伯罗斯，他们都认识到了调研代际间领导风格差异的价值。他们给了我们“舞台”“摄像机”“演职员”和这个研究计划所必需的资金。他们都是鼓舞人心的领导者。

其次，我们有一个“绝妙的概念”：比较数字时代与模拟时代，比较70多岁的领导者和30岁左右的领导者，即比较极客与怪杰。这个念头最初是由理查德·索尔·伍尔曼引出的，他是个超一流的演出创造者，非常有创造力的天才。他在2000年加利福尼亚州蒙特雷召集的一次TED（技术-娱乐-设计）大会上，所邀请的演讲嘉宾不是年龄超过70岁的，就是30岁左右的。他给会议起了两个标题，其中之一是“极客与怪杰”，他允许我们把这个“偷”来用；另一个标题则是“将要与仍然”。

我们也集合起了一个整齐的、豪华的“演员”阵容——不用付费，准时出场。罗伯特·奥特曼，他自己当时因为正在英国拍《高斯福庄园》一片而不能加入我们，不过，即使他来做，恐怕也不可能做得更漂亮了。我们是在说我们的采访对象、研究对象，我们的极客与怪杰，他们也实实在在是我们的共同研究者，他们放下手上的事情，跟我们来一起分享。尽管他们（如莫瑞尔·希波特和西德尼·哈曼）可能不如玛吉·史密斯或者迈克尔·甘本[⊖]更为普通人所知，但他们都在各自的人生舞台上有超过奥特曼演员阵容中任何一位的杰出表现。这本书的每一个发现，几乎都来自我们的明星。

⊖ 这两位都是《高斯福庄园》一片中的主要演员。——译者注我们也有一批顾问和建议者，无论是付费的还是免费的。哈佛商学院出版社发送新书样本给“同行评审”，虽然付给了他们一些费用，但恐怕那点钱只够他们支付邮资和复印费。按规矩，我们不能公开他们的姓名，尽管我们模模糊糊地知道他们中的某几位。不公布名字这件事就像杰克·尼科尔森或者梅丽尔·斯特里普客串了影片中的小配角而不出现在主演名单中一样。所以，谢谢那些幕后的朋友，他们给了我们许多非常好的建议。

我们从学术界的众多朋友、同行给我们的提示、警告和才思中也获益良多。在这里，我们希望能够把其中一些朋友单独列出来说说。

首先要说的是罗伯特·巴特勒和詹姆斯·拜伦，这两位老年医学领域的先锋和创始人，他们给我们的咨询建议是非常关键的。我们也想感谢南加利福尼亚大学老年医学院的爱德华·施奈德和凯莱布·芬奇；霍华德·加德纳、罗杰·吉尔德、哈尔·莱维特、吉尔·莱文、梅尔·罗曼和乔治·瓦利恩特，这些在“个人成长”领域比我们更博学的专家，更重要的是他们有如此宽广的心胸。我们也还想加上一位——我们很骄傲能够写上他——威尔·本尼斯，他正在芝加哥大学攻读“个人成长”领域的博士学位。他为我们贡献良多，就像一个导师一样。附带说一句，他也专门为本书访谈了他的父亲沃伦·本尼斯。

还有一些人的意见促进了我们的思考：尼丁·诺拉、大卫·葛根、罗莎贝恩·莫斯·坎特、简·利普曼－布鲁曼、利斯特·瑟罗、保罗·拉格斯、简·休伯特以及芭芭拉·凯勒曼。芭芭拉从我们研究的一开始就投入了她的智慧，值得重重褒奖。她还具有一种非凡的天赋，能够问出很多让人感到头疼却又很对路的问题。

我们还想特别提到霍勒斯·迪茨，他曾长期以来卓有成效地担任AARP[⊖]的执行董事。实话说，霍勒斯对我们这个书名非常担心。我们向他说明极客根本不在意这种称呼，从而打消了他的顾虑。他的智慧和AARP的领导经验正是我们本书所写的最好榜样。

继续我们的“影片比喻”，我们在过去有若干次不同场合的“内部看片会”。事实上，我们两个从没有写过此类书籍。因此，我们想在落笔之前，先把我们的核心思考讲给现场的观众听。所以，我们在2001年2月的TED会议上，在2001年3月南加利福尼亚大学的校长杯作者系列讲座上，在2001年8月的吉尔·莱文在Cape Cod的研究所，10月又在哈佛肯尼迪政府学院的公共领导力中心，11月在波士顿大学管理学院，在Linkage全球领导研究中心，在西点军校的领导与行为科学系，都进行了报告。这些“看片会”，帮助我们进一步理清我们的思路，同时也像是在好莱坞那样，弄清楚什么是热点，而什么不是。

因为我们用摄像机拍下了我们所有的访谈，我们还拥有几个制作团队。专业的影片制作者马里纳·卡尔布和迈克尔·柯克，他们给我们很多建议，并把我们介绍给他们的明星同行。摄影吉

⊖ 美国领先的全国性组织，为50岁以及50岁以上的人提供服务。——译者注

姆·西西尔拍摄了我们大部分的访谈，给我们的工作增加了很多乐趣。凯瑞·本杰明和他的团队为我们的影片剪辑，捕捉那些精彩的瞬间，从而让我们能够近距离进行研究，展示我们的核心思想。谢丽·波茨将我们访谈中的每个单词都录了下来，她并没有参与访谈，但仍给了我们很多高见。

吉姆·威尔逊，罗伯特称其为“文字绿色贝雷帽”，给了我们宝贵的编辑支持。亚历克斯·比尔、丹娜·莫斯康恩、艾丽萨·博通尼、弗安娜、海尔特以及劳伦斯·图，也在我们需要时助了一臂之力。再一次，感谢埃森哲战略变革研究中心给了他们时间，允许他们施以援手。

我们的研究团队由杰夫·凯雷、克里斯·马圭尔、马格雷特·斯特吉欧组成，不管是作为极客，还是作为研究助理，他们都贡献了宝贵的洞察力。

南加利福尼亚大学的马歇尔商学院给了我们很多的帮助——用来进行访谈的场地、秘书和行政上的支持，以及来自汤姆·卡明斯和兰迪·韦斯特菲尔德的忠告。此外，我们还要对南加利福尼亚大学的校长和副校长，史蒂夫·桑普尔和洛伊德·阿姆斯特朗，分别致以我们充满敬意的感激。

现在，让我们再来称赞几位杰出的女性：卡萝尔·弗朗科，哈佛商学院出版社的指路明灯，她以充满“赤子态”的方式（如果想完全理解这个说法的含义，请阅读第 1 章）接纳我们、鼓励我们，使我们感到自己很了不起。她还让我们接触到她难以置信的能干的同事——所有使这本书能够面世的人们，无论是设计者还是市场推广人员。最终，我们庆幸我们得到了两位编辑的建议：霍里丝·海姆鲍奇和苏姗娜·罗托多。艺术家乔治·布拉克的名言是“艺术中唯一重要的东西，是无法言说的”。是的，你可以同样地来评价编辑。这是个艺术品，而霍里丝和苏姗娜则是鉴赏家，她们的工作，我们只能以喝彩和赞同回报。没有她们，这本书不会让我们为自己骄傲。

我们两人出版的著作加在一起有 30 多本，但我们从来没有与能干的、值得信赖的同时也充满关心的出版社同仁合作过。

罗莎娜·赫兹（再次）证明了她超凡的天赋，作为罗伯特的评论者、建议者、编辑、鼓励者、逻辑学家，以及红颜知己——这么多的角色是在她白天担任系主任，晚上还要做建筑承包商⊖的情况下担任的。

格雷丝·盖布，她一直都忙于写她自己的书，在这两年半的时间里，给予她的丈夫沃伦支持、关爱，不只是小小的帮助。不管怎样，她能够承受她丈夫沉浸在某件事情之后为了求得镇静而不停地翻来覆去。这就是奉献。

⊖ 原文如此，根据作者一贯的幽默笔法，我猜测当时她可能正在建自己的房子。——译者注

译者的话

曾经真的以为人生就这样了

我发现自己患上了强迫症，是在SARS爆发期快要接近尾声的时候。症状并不复杂，就是见谁都要大谈一个英文单词，叫作“neoteny”[1]。不少朋友都不知道这个单词，它确实生僻（或者我英文发音太糟糕），因此都会耐着性子听我说梦。有意思的是，大家听完之后，居然都会问我这么一个问题——“这本书什么时候出版？”

问题中的“这本书”，就是现在捧在你手里的这一本。读到这句话时，我不知道你是已经读完全书，还是尚未开始——人的读书习惯不同，我是一个喜欢读正文之前先读读译者序、作者的话之类“旁白”的读书人，倘若那些旁白枯燥乏味或者如记流水账，我也有过懒得再看正文的经历——作为一个译者，说实话我并不热爱做翻译工作，功利地看，稿酬不多又不算学术贡献，在

[1] neoteny，一个生物学术语，本书将其作为一个重要观念提出，转义为“赤子态”“童心未泯”。——译者注

Revenue 和 Reputation 这两个衡量指标上都值得怀疑，但我还是会做几件傻事，因为这确实是一本影响了而且将继续影响我一生的书！

2002 年秋日某雨天，当时正在麻省理工学院（MIT）斯隆管理学院做访问学者的我，得了领导学大师沃伦·本尼斯要到 MIT 发表演讲的消息，就跑去看热闹。赶个正着，果然热闹！一个大大的报告厅里挤满了人，而且很特别，跟平日演讲尤其不同的是，这一天的听众中，银发族占了有一半还多！老头儿、老太太穿着一丝不苟的正装，每人手里都拄着把伞，酷得很，总让我觉得像是撞上了某个电影中的场景。

这一天，本尼斯教授正是去讲他的新书《极客怪杰》的。2002 年 8 月 8 日这本书由哈佛商学院出版社出版之后，在美国企业界、知识界乃至普通读者中都得到了相当广泛的传播，从事领导领域研究的学者纷纷将本书列入推荐书目，《纽约时报》《商业周刊》《时代》《哈佛商业评论》等主流媒体多次长篇介绍，选摘该书精粹，褒奖有加，受众颇广，不长的时间里，就成为一本口口相传的热门推荐书。

为什么这本书会这样受欢迎？想来原因很多。有人认为本书作者之一沃伦·本尼斯作为领导学研究中的旗手，新作问世，自然大家都会追捧。其实，这只能算一条理由。当然，这条理由对于市场反应所发挥的作用是显而易见的，因为够得上本尼斯这等地位的，在学界也算凤毛麟角——学术翘楚：南加利福尼亚大学校聘教授，美国当代著名组织理论、领导理论大师；卓越领导：

当过纽约大学布法罗分校的副校长、辛辛那提大学校长，现在还兼任着哈佛大学肯尼迪政府学院公共领导力中心的主席；政界建言：先后担任过四任美国总统的顾问团成员；商界顾问：许多《财富》500 强大公司的顾问、董事；著作等身：至少著有 27 本与领导有关的书籍，其中被《金融时报》誉为 50 大商业好书之一的《领导者：成功谋略》，和另一本《成为领导者》都被译为至少 21 种语言。其权威地位还包括：1993 年及 1996 年两度被《华尔街日报》誉为管理学十大发言人，并被《福布斯》杂志称为“领导学大师的院长”。《金融时报》称赞他是“使领导学成为一门学科，为领导学建立学术规则的大师”。

我挺喜欢他，首先是喜欢他的外表——银色硬发、黝黑皮肤与灿烂笑容；其次是他说的一句让我回味不尽的妙语——“领导行为跟爱情差不多，人人都知道它存在，却没有谁能说清楚。”——看来，要是把领导学问弄得更懂些，也许就能离爱情更近些。

本尼斯的任何一本著作都引起了大家的关注，这不只是名气使然，因为他的读者逐渐发现：他的著作中充满着原创性的思想，而这源于他的著作都是建立在研究的基础上。比如，本尼斯以前曾经做过的一项研究发现：人们宁可跟随他们可以信赖的人，即使这个人的意见与他们不一样，也不愿意跟随意见与自己相合却经常改变立场的人。在此研究（调研、问卷、访谈）的基础上，本尼斯建议领导者应当“前后一致”“言行一致”，让人觉得足以信赖。这样的建议，比起一般的泛泛而论更让人信服。而本书，同样继承了他这样一种在研究基础上著书立说的传统。

本书的另一位作者，也是十分了得之人。罗伯特·托马斯是埃森哲公司（世界上最大最著名的咨询公司之一）策略变革中心（Accenture Institute for Strategic Change）的合伙人之一及资深研究员，曾为全球多家公司在领导发展方面提供咨询服务。在加入埃森哲公司前，托马斯曾经在MIT及密歇根大学任教多年。他著有曾经获奖的《机器无法代劳的事情》一书。有趣的是，这两位作者虽然现在都离开了MIT，但都和MIT有着这样巧妙的缘分——本尼斯毕业并任教于MIT斯隆管理学院；托马斯曾参与创办了MIT至今仍很成功的LFM项目（Leaders for Manufaturing）——由工学院与斯隆管理学院合作，为大型制造企业培养未来的领导人才，学生同时可以拿到两个学位。托马斯也同样受过良好的研究训练，这无疑是他与本尼斯能够一拍即合、互相欣赏的一个重要渊源。

那一天，本尼斯为大家播放了很多他采访本书中所研究的领导者的影像资料，他的口才、他的精力、他的魅力以及他的研究思路都给我留下了极其深刻的印象。这就是缘分——早晨我还在考虑是否要接受华章公司的委托，翻译本尼斯的这部最新著作，下午就见到了他本人，而决定就在我见到他的第一眼之后做出了。

这本书要回答的问题，是领导研究的根本问题——领导者是如何造就的？本尼斯觉得经过长年的研究，是时候做出一个比较全面的（至少从作者的框架感上，我们体会到了“全面”）回答了。于是，他们提出了一个“领导成长模型”。

怎么提出这个模型呢？这又和本尼斯的立场与兴趣有关了。他和托马斯两人选择了43位21～93岁的卓越领导者进行访谈——我们看到了“伟人论”的影子；他们分析了自己成长过程中重要的时代背景、价值观、关键时刻——我们也看到了一些“情境论”的影子。因为本尼斯一直对于人和组织的成长问题特别感兴趣，所以在选择被访谈对象时，我们看到了一个有趣的组合和搭配——最年轻的和最年老的、极客和怪杰这么两组人。

所以，本书就是通过这些极客和怪杰的现身说法来告诉我们，在非常不同的生活和时代里，关于领导、学习和更好地生活，他们到底发现了什么真谛。这本书也尖锐地提出了一些深刻的问题，比如，为什么有些人能从残酷的经历中汲取智慧，而其他人就做不到？本书还让成功的极客分享他们年少有为的秘密；请卓越的怪杰告诉我们，他们是如何不管岁月变迁，仍能保持旺盛的生命力，并积极地投入其中的。所有这些人说的话都非常重要，也相当实用。作者坚信（我们也乐于相信），这将有助于读者找到最适合自己的领导和学习策略，受益终生，而非一时。从内容上看，本书既有思想性，也有可读性，主要体现在：巧妙的角度（极客与怪杰、30岁和70岁，这么两代人）；重要的思想（熔炉、适应能力、意义共享、声音、操守、赤子态等）；创新的模型（作者认为是一个相对完整的领导发展模型）；广阔的视野（历史感、厚重、趣味十足）；丰富的故事（文中有很多长短不同但都生动鲜明的故事，也可以看作传记集萃）。从长远来看，这本书在思想上的影响力将会带动类似的、更深入的研究进一步开展，本书将会成为引用率很高的一本书，长销不衰。

读、译本书时，我总是一再想起曾经影响了很多中国青年的威廉·曼彻斯特的那本《光荣与梦想：1932～1972年美国社会实录》，作者以好读易记的笔法，把40年美国现代史说了个透。在SARS肆虐的日子里，我又重新捧起这本书，碰巧就读到了书中这样一个段落：

> 当尼克松在1960年美国总统大选中败给约翰·肯尼迪时，他的心中反复念叨的是这样一些话："失败比胜利更能考验人的性格。""有时一次战役的失败正是为了赢得整个战争。"
>
> "对有些人来说，失败有如毒药。伟大的人物常因不能忍受失败而变成庸人；许多人则因为能够忍受失败而成为伟人。一个人能有所成就并在气质上超过常人，往往正在于他对待失败的态度，而失败是凡人都会经历的。"

这描述、这话语中的思想，与本书的主旨何其相似。尤其是本书的第2章和第3章这两章，文笔流畅，读来让人手不释卷。正是这种历史感，让我们看到了时代背景对于领导者形成的重要意义。

阅读本书还让我想起了另外一位法国社会学家布尔迪厄。如果说他的《文化资本与社会炼金术》是着眼于社会角度的话，本书则可以说是提出了所谓的“领导炼金术”。书中所说的“如果你肯花 90 分钟时间，10 元钱左右的价格，就可以离另一代人更近些，再近些”——只有细读这本书你才知道这策略是什么哟——其实，是非常实用而有效的策略。我们长期以来对“代沟”这个术语的误用，使我们对于代际差异的反应始终是被动的、消极的，而不是积极的、以其为机遇的。

这本书不是一本供你消遣的简单的书。如果不加以自省而走马观花，可能会有批评者认为这本书不过只是讲了些常识而已，没什么稀奇。这让我想起了福柯的一句话——“我努力使那些仅仅因其一目了然而不为人所见的东西为人们看见。”[⊖]从这个意义上讲，本书是一本在启发性上超乎寻常的著作。我敢断言，类似的、在此基础上深入的研究都会随之而来。大师的功力，不在于写作大家未曾注意到的古怪玩意儿，即所谓“画鬼”，而更体现在“画人”上，把我们身边的经验能够令人信服地总结、阐发出来。

回到本文开头关于“neoteny”强迫症的故事，对我本人来说，翻译这本书的过程，走过了（也许该说“走过着”）很不同的一段心路历程。我曾与 1938 年毕业于清华大学的桑士聪学长畅叙。桑老在美国创业有成，拥有企业，并在几年前捐赠 100 万元给清华经管学院作为 MBA 学生的奖学金。他正是本书中所提出的“赤子态”（neoteny）概念最典型的代表——他身体敏捷有力，思维开放有序，言谈周到有趣。我向他讨教秘诀，他的回答

⊖ 这句话出自法国哲学家米歇尔・福柯的《知识考古学》。——编者注

是三条：染头发、每天慢跑、享受快乐的事情。再深入交谈，我分明感到了他的头脑中完全没有任何“定型”的东西，一切对于他都是新鲜的，都是值得学习的。当我不小心嘴里冒出一个时下流行的北京俚语时，他马上问我那字里的含义，并因为答案滑稽而乐不可支。那个瞬间，我又想起了这本书，想起了自己对于很多问题的看法和做法，并被眼前的这位充满朝气的终生领导者所感染。

李宗盛的《鬼迷心窍》里头的第一句歌词是“曾经真的以为人生就这样了”，这样一种心态，在本书中被叫作“settled”。如果你把“settled”当作“事业有成”的同义词的话，本书正是为你而写的。我见过很多30多岁的人就已经当自己是“settled”的了，特别是一些像清华、北大这样所谓名校毕业的好学生。我愿意以强迫症的方式，跟周围的人做这样的分享，正是希望能够把自己的感悟带给更多跟我一样的“心理老人”。

感谢我的父亲杨振生为本书译稿所进行的润色，希望他从校订本书中得到足够的乐趣；感谢梁冶萍大姐，感谢好友周敏、谷虹、江莲、孙路弘、张筠、刘燕欣、韩亦舜给予的各种帮助，特别是在字句推敲上——至今我仍觉得“怪耋”作为“geezer”的译法更为贴切，不过市场恐怕无法接受；感谢埃森哲中国公司的王波先生、董建菁女士对于我这个埃森哲家属的信赖；感谢编辑同志的宽容与认真，她们跟我合作的时间越长，可能对于译者的平均期望值就会不断下降。谢谢大家（名字不出现的通常更要紧些），也祝愿每一位读者都能够保持领导者般的青春！

· 作者介绍 ·

沃伦·本尼斯（Warren G. Bennis）

美国当代最杰出的组织理论、领导理论大师。南加州大学校聘教授，哈佛大学肯尼迪政府学院公共领导力中心主席。曾任教麻省理工学院、波士顿大学，曾任纽约大学布法罗分校副校长、辛辛那提大学校长。先后担任过四任美国总统的顾问团成员，并担任许多《财富》500 强大公司的顾问、董事。至少著有 27 本与领导有关的书籍，其中被《金融时报》誉为 50 大商业好书之一的《领导者》和另一本《如何成为领袖》都被译为至少 21 种语言。1993 年及 1996 年两度被《华尔街日报》誉为管理学十大发言人，并被《福布斯》杂志称为“领导学大师们的院长”。《金融时报》最近则称赞他是“使领导学成为一门学科，为领导学建立学术规则的大师”。

罗伯特·托马斯（Robert J. Thomas）

埃森哲公司策略变革中心（Accenture Institute for Strategic Change）的合伙人及高级研究员，曾为全球多家公司在领导发展方面进行咨询。在加入这家公司前曾在麻省理工学院及密歇根大学任教多年。著有《机器无法代劳的事情》一书。

· 主编介绍 ·

杨斌 清华大学经济管理学院教授，现任清华大学副校长兼教务长、经济管理学院领导力研究中心主任。全国工程专业学位研究生教育指导委员会副主任委员、全国工商管理专业学位研究生教育指导委员会秘书长。他的主要研究领域为组织行为与领导力、企业与社会、非市场策略、商业伦理、高等教育管理等。

杨斌教授曾为清华本科生、MBA、EMBA 以及高层管理培训项目等讲授批判性思维与道德推理、领导与变革、组织行为学、文化伦理与领导、管理思维与沟通、伦理与企业社会责任、危机管理等课程。他还曾应邀为世界 500 强企业及国内多家企业与机构等提供战略管理咨询和培训。他是在中国高校开设商业伦理与工程伦理课程的积极推动者，也是中国式管理科学基础研究的主要参与者之一。